COMMENT DEVENIR UN BON CHEF D'EQUIPE ET UN SUPERVISEUR ET GAGNER LE RESPECT

UN REGARD RÉALISTE ET PRATIQUE
SUR LA FAÇON DONT ELLE DOIT
ÊTRE FAITE EFFICACEMENT;
SYNDIQUÉ OU NON

TR. SABRA

Dédicace
à mon père

Table des matières

INTRODUCTION _____ 8

CHAPITRE 1 _____ 14

COMMENT DIRIGER VOTRE ÉQUIPE! _____ 14

- AU DÉBUT _____ 14
- Quand vous allez au travail, "ALLEZ au travail." _____ 16
- L'objectif ultime est de rester concentré. _____ 17
- Établissez d'abord votre réputation. _____ 19
- Faites ce qu'on attend de vous : LES CONFRONTATIONS! _____ 20
- Effectuez votre travail _____ 22
- QUI EST UN SUPERVISEUR? _____ 25
- Un superviseur est attendu et requis d'agir. _____ 25
- Votre implication est attendue. _____ 27
- Restez visible et alignez-vous sur l'énergie de votre équipe! _____ 29
- Mettez à jour et réévaluez la situation _____ 29
- Engagement Pratique _____ 30
- Votre Approche _____ 30
- L'approche agressive! _____ 31
- L'approche passive! _____ 32
- Établissez votre réputation pendant la période de probation ! ___ 32
- Être assertif!! _____ 34
- Absentéisme minimal _____ 36
- Habillez-vous pour le rôle! _____ 37
- Comment le superviseur assertif commence-t-il la journée? Envoyez un message clair chaque jour. _____ 38
- Personnalité _____ 40
- Pratiquez la prise de parole en public. _____ 41
- Exprimez vos paroles avec conviction. _____ 43
- Préparez-vous avant de participer à des réunions. _____ 43
- Un superviseur montrant le chemin. _____ 46

La façon dont vous tenez votre personnel informé. _____ 46

Diriger et transférer une partie de la responsabilité _____ 48

CHAPITRE 2 _____ 50

COMMENT ENTRETENIR UNE BONNE RELATION AVEC VOTRE PATRON _____ 50

L'échelle De L'entreprise _____ 50

La relation avec votre patron _____ 51

Apprendre en prenant des notes _____ 52

Rapports quotidiens et hebdomadaires _____ 55

Préparations pour "auto" évaluation. _____ 56

La préparation est toujours essentielle. _____ 57

Apprenez le travail de votre patron et visez les résultats ! _____ 58

Ajuster votre focus et viser les résultats. _____ 59

Oui, je peux ! _____ 61

Situations complexes et urgences _____ 61

Adaptez-vous au changement ! _____ 62

Acceptez les critiques de votre patron. _____ 63

CHAPITRE 3 _____ 65

COMMENT ENTRETENIR UNE BONNE RELATION AVEC LES AUTRES SUPERVISEURS _____ 65

TRAVAIL D'ÉQUIPE _____ 65

Le Super-superviseur _____ 67

Le superviseur inutile _____ 67

Le superviseur non convaincu _____ 68

Le superviseur arrogant _____ 69

La GRANDE question _____ 69

Gérer le doute de soi _____ 71

Restez indulgent envers vous-même ! _____ 72

Montrez de l'adaptabilité ! _____ 74

Partagez vos expériences personnelles et vos forces. _____ 75

Attention au superviseur qui vous forme. _____ 77
Dernier mot _____ 77

CHAPTER 4 _____ 80
DÀ FAIRE ET À NE PAS FAIRE _____ 80

POUR ÉLIMINER LE STRESS ET GAGNER LE RESPECT. _____ 80

Arriver tôt au travail— _____ 80

Soyez préparé _____ 81

Ne laissez pas vos rapports et votre travail à la dernière minute. _____ 83

Apprentissage _____ 83

Ne promettez pas trop! _____ 84

Ne soyez pas un maniaque du contrôle. _____ 85

Comment un superviseur peut éviter la micromanagement : _____ 86

Déléguer _____ 87

Ne réagissez pas de manière excessive! _____ 88

Laissez vos employés montrer leurs forces. _____ 89

Vous ne pouvez pas tout changer. _____ 89

Acceptez les critiques et excusez-vous si vous avez tort! _____ 90

Idées pour développer une peau épaisse: _____ 90

Soyez conscient de vous-même, comprenez votre impact en tant que superviseur. _____ 92

Équilibrer l'empathie et l'autorité en tant que superviseur _____ 93

Tenez-vous à votre parole et choisissez vos mots avec soin _____ 94

Soyez "Amical", mais pas "Ami" _____ 95

Ne complotez pas contre votre patron ou l'entreprise _____ 96

Appliquer la discipline avec respect _____ 97

Suivez les demandes de vos employés _____ 99

Savoir quand et où tracer la ligne _____ 100

Ne passez pas par-dessus la tête de votre patron, sauf si! _____ 101

Compliments et récompenses _____ 102

La plupart de vos employés ont un pas d'avance sur vous _____ 103

Arrêtez de faire 3-4 choses à la fois _____ 105

6   Conclusion _____ **107**

COMMENT DEVENIR UN BON CHEF D'EQUIPE ET UN SUPERVISEUR ET GAGNER LE RESPECT

UN REGARD RÉALISTE ET PRATIQUE SUR LA FAÇON DONT ELLE DOIT ÊTRE FAITE EFFICACEMENT; SYNDIQUÉ OU NON

®. Tous droits réservés 2024 TR. Sabra.
Aucune partie de cette publication ne peut être reproduite, distribuée ou transmise sous quelque forme que ce soit ou par quelque moyen que ce soit, y compris la photocopie, l'enregistrement ou d'autres méthodes électroniques ou mécaniques, sans l'autorisation écrite préalable de l'éditeur, sauf dans le cas de courtes citations incluses dans des critiques ou d'autres utilisations non commerciales autorisées par la loi sur le droit d'auteur."

Ce livre est un incontournable pour vous : Si vous êtes un nouveau ou jeune superviseur et que vous n'avez jamais dirigé d'équipe auparavant. Si vous êtes un superviseur expérimenté mais que vous souhaitez affiner vos outils. Aucun savoir acquis n'est perdu, surtout pas un savoir qui va droit au but !

INTRODUCTION

Vous avez peut-être pensé qu'être superviseur était facile, surtout si vous en avez déjà critiqué un. Mais une fois dans ces chaussures, vous réalisez rapidement que c'est plus difficile que prévu. La supervision exige un leadership fort, un jugement pratique et des compétences interpersonnelles de premier ordre. Mais avant de plonger dans les spécificités pour devenir un bon superviseur ou les techniques à apprendre, définissons ce qu'est un superviseur.

Un "**superviseur**" est un leader d'équipe de première ligne qui peut jongler avec plusieurs tâches comme diriger, coacher, récompenser et déléguer. Il est également responsable de la productivité de son département, de la sécurité du personnel et de l'exécution des tâches quotidiennes.

Autrefois, les superviseurs devaient gravir progressivement les échelons, passant de commis à contremaître, puis à superviseur. Ils acquéraient de l'expérience et des connaissances en cours de route. Cependant, lorsque les syndicats ont tracé une ligne entre les travailleurs et la direction, il est devenu plus difficile de promouvoir des travailleurs expérimentés. Beaucoup ne voulaient pas quitter le syndicat de peur de perdre leur ancienneté. En conséquence, les superviseurs ont commencé à être recrutés de l'extérieur. Ces nouvelles recrues ont sauté les années de dur labeur nécessaires pour obtenir ce poste, mais manquaient souvent de connaissances adéquates. Ils se retrouvent sur le terrain, apprenant ce que l'entreprise vend et le processus de production, tout en supervisant des employés qui ont plus d'expérience dans le domaine. Normalement, après des années de travail dans la même entreprise, la plupart des employés connaissent bien les normes et les tâches et peuvent mieux articuler le jargon de l'entreprise que le nouveau superviseur.

Alors, comment le nouveau superviseur peut-il gagner leur respect dans cette situation? Croyez-moi, j'y suis passé. C'est incroyablement difficile de paraître professionnel et confiant quand tout le monde sait que vous êtes encore en train de trouver vos marques.

En tant que nouveau superviseur, vous remettez constamment en question chaque décision. La simple vérité est que prendre ce rôle est extrêmement difficile. Dès votre premier jour de travail, vous rencontrerez de nouveaux défis. Vous n'avez jamais été sous les projecteurs comme ça auparavant.

Pour beaucoup, les quelques articles ou livres qu'ils ont lus sur le sujet et les vidéos "comment faire" qu'ils ont regardées sur YouTube ne font qu'effleurer la surface de ce qui les attend. Et se fier simplement à son caractère et à ses expériences passées ne suffit pas.

Dans le monde d'aujourd'hui, de nombreux jeunes sont mal préparés en termes de compétences en communication, souvent en raison des habitudes formées par les "réseaux sociaux" virtuels qui leur laissent une interaction sociale réelle limitée. Au lieu de cela, nous avons des individus qui sont à un clic de tout, manquant de contacts "face à face" ou "œil à œil" avec de vraies personnes. Même ceux qui prétendent avoir une certaine expérience de supervision, peut-être en gérant quelques adolescents dans un café, trouveront extrêmement difficile de diriger une grande équipe d'usine et de naviguer dans son environnement exigeant.

Imaginez ceci : Il est 3 heures du matin. Vos oreilles résonnent du rugissement incessant des machines géantes, les chariots élévateurs passent comme des frelons en colère, et les représentants syndicaux attendent essentiellement que vous commettiez une erreur pire que celle où vous avez accidentellement déclenché l'alarme incendie en faisant des macaronis au fromage.

Ouais, pas exactement une ambiance Netflix et plat à emporter. Alors, comment une jeune personne qui n'a jamais eu affaire à des "personnes du monde réel", encore moins argumenté avec son patron à propos de cette politique de bureau discutable, est-elle censée survivre à un quart de nuit plein d'employés frustrés et de gestionnaires affamés ?

Ouais, cela peut ressembler à être jeté dans une arène de gladiateurs sans aucune formation.

Alors, si vous venez d'être promu. Félicitations ! **Ce livre est conçu pour vous** – le nouveau superviseur avec peu ou pas d'expérience en direction de personnes, soudainement propulsé dans un rôle de leadership. Il s'adresse également au superviseur chevronné qui a une expérience précieuse mais qui cherche des conseils pour affiner ses compétences et améliorer ses performances.

En tant que superviseur, vous devez motiver des individus peu enthousiastes et les amener à accomplir leurs tâches de manière constante. Vous jonglez également avec des éléments tout aussi essentiels tels que les machines, les horaires, la sécurité et la prise de décisions. Vous devez être conscient de nombreuses choses à la fois, en gardant à l'esprit la vision d'ensemble pour gérer et résoudre les situations efficacement.

Équilibrer ces responsabilités nécessite des compétences organisationnelles aiguisées et la capacité de prioriser à la volée. Il s'agit de maintenir une vision claire tout en restant suffisamment flexible pour s'adapter aux défis imprévus. Votre rôle est essentiel pour assurer que tout fonctionne sans heurts et efficacement. De plus, vous devez rendre compte, écouter, communiquer et prendre des directives de votre patron, que vous les aimiez ou non. **Vous êtes l'amortisseur de l'entreprise et le lien entre différents niveaux.**

Si vous vous sentez en insécurité et mal préparé dans votre rôle, ou si vous manquez de compétences en leadership et de l'ouverture pour donner et recevoir des directives, **ce livre est pour vous.**

Si vous n'avez jamais défié ou dirigé quelqu'un auparavant, **ce livre vous guidera**. Il vous aidera à développer l'ensemble de compétences nécessaires pour réussir dans votre rôle de superviseur et diriger votre équipe avec confiance.

Après tout, vous ne voulez pas vous sentir frustré à la fin de votre journée de travail, et vous ne voulez certainement pas redouter de revenir au travail le lendemain matin. Ce livre vise à vous fournir les outils et la confiance nécessaires pour apprécier votre rôle et attendre chaque nouveau jour avec un sens du but et de l'accomplissement. Ce livre vous montrera comment répondre à diverses situations, même si vos instincts vous mènent dans une direction. Il y a la façon du superviseur – une méthode basée sur le leadership et la gestion efficace.

Vous apprendrez à gérer les défis avec confiance et à prendre des décisions qui profitent à vous et à votre équipe.
Ce livre a moins de pages car il va droit au but. Je l'ai conçu de cette manière afin que vous puissiez le lire autant de fois que nécessaire, vous permettant d'absorber rapidement et d'appliquer les précieuses leçons et stratégies qu'il offre.

Dans les grandes entreprises et les corporations gouvernementales, les superviseurs travaillent souvent dans un environnement syndiqué. Les employés sont principalement des ouvriers de ligne d'assemblage qui ont besoin de motivation constante. Leurs emplois sont monotones et exigeants, et votre rôle en tant que superviseur est tout aussi difficile. Équilibrer la nécessité de garder votre équipe motivée tout en gérant les exigences du travail requiert de la résilience et de solides compétences en leadership.

Vos supérieurs sont également très exigeants. Si vous n'êtes pas prêt, fiable et suffisamment flexible, ils vous briseront. La pression venant d'en haut ajoute une couche de complexité à votre rôle, rendant crucial le développement des compétences et de la résilience nécessaires pour prospérer dans cet environnement.

Mais vous ne les laisserez pas faire. Vous lisez ce livre. Vous allez établir votre nom, et vous allez gagner votre respect. En vous équipant des connaissances et des stratégies contenues dans ces pages, vous naviguerez avec confiance à travers les défis et prouverez votre capacité en tant que superviseur.
Vous allez être ferme et adaptable en même temps. Ce livre vous montrera comment effectuer le travail de manière pratique et efficace, gérer vos employés, traiter avec votre patron et collaborer avec d'autres superviseurs. Vous apprendrez comment vous comporter sous stress et, surtout, maintenir le dessus et gagner votre RESPECT.

TR. Sabra

CHAPITRE 1
COMMENT DIRIGER VOTRE ÉQUIPE!

Le succès des usines repose sur le fait qu'il n'y a aucun endroit pour s'asseoir.

Proverbe Américain

AU DÉBUT

Vous êtes-vous déjà installé dans un emploi tellement confortable que vous pourriez le faire en dormant? Oui, j'y suis passé, en tant que commis. Vous connaissez la routine, tout est plus fluide que votre playlist préférée. Mais ensuite, BAM! C'est l'heure de la promotion, et soudainement, vous n'êtes plus seulement un pro de la paperasse, vous êtes un véritable superviseur. Pensez-y comme ceci : avant, votre travail était physique comme cette fois où vous avez essayé ce cours de CrossFit (jamais plus).

Maintenant, tout est une question de jeu mental - planifier, motiver et devenir en quelque sorte un télépathe pour votre équipe. Stress physique? Vous pouvez l'étirer. Stress mental? Ça persiste comme un mauvais colocataire qui ne fait jamais la vaisselle. Le piège de la zone de confort : Souvenez-vous de cette douce léthargie d'entreprise dans laquelle vous étiez plongé en tant que commis?

Huit heures de routine paisible, zéro drame (sauf peut-être Sylvie du département voisin qui colporte des ragots), et la liberté d'écouter votre playlist Spotify en boucle. Vous étiez le maître de votre petit fief, le roi (ou la reine) de votre chaîne de montage. Personne ne vous surveillait de près, et les petites erreurs étaient accueillies avec des haussements d'épaules, pas des réprimandes. En gros, vos muscles mentaux étaient aussi flasques qu'un ballon d'anniversaire d'une semaine – amusant pendant un moment, mais pas vraiment fait pour quelque chose de sérieux.

Bienvenue à Superviseur-Ville, Population : Vous (et maintenant votre équipe). Ces jours insouciants sont un lointain souvenir. Maintenant, c'est vous qui prenez les décisions, planifiez les flux de travail et portez la responsabilité si les choses tournent mal. Pensez-y comme ceci : vous êtes passé du solitaire au poker à enjeux élevés. La pression est réelle, les décisions ont des conséquences, et il n'y a pas de place pour les erreurs de débutant.

En tant que superviseur, vous ne réagissez plus simplement aux tâches – vous les façonnez activement. La pensée stratégique devient votre nouveau super-pouvoir, et chaque action nécessite une réflexion minutieuse. C'est un changement de mentalité, une transition de rouage dans la machine à chef d'orchestre. Il ne s'agit pas de devenir une "nouvelle personne", mais plutôt d'une évolution de vos compétences. Vous devrez aiguiser vos muscles décisionnels, anticiper les obstacles potentiels et être prêt à tracer la voie pour votre équipe.

Pensez-y comme une promotion, pas une transplantation de personnalité. Mais ne vous inquiétez pas, je vous guiderai pour naviguer ce changement crucial et devenir un superviseur confiant et proactif.

Quand vous allez au travail, "ALLEZ au travail."

Se présenter ne suffit pas : soyez présent, soyez intentionnel. Bien que la présence soit évidemment cruciale (et nous en parlerons plus tard), simplement pointer ne suffit pas pour des performances optimales. Lorsque vous entrez dans le bureau, votre esprit doit être pleinement engagé. Soyez présent avec votre équipe, vos tâches et la vision d'ensemble. Pensez-y comme ceci : se présenter est le strict minimum. Être présent et intentionnel est ce qui vous élève de joueur à changeur de jeu. Rappelez-vous ce moment exaltant où vous avez obtenu le rôle de superviseur. Le frisson de la promotion, la montée d'excitation – cela a alimenté une promesse envers vous-même : apporter votre meilleur chaque jour. Voici la chose : vous n'avez pas été choisi par hasard. Votre parcours à travers les rangs de l'entreprise a montré vos compétences et votre potentiel. Ils ont vu en vous les qualités d'un leader fort. Mais le potentiel n'est que le début. C'est toujours un témoignage de votre talent et de votre ambition. Le salaire plus élevé et le statut sont bien mérités, mais ils viennent avec des responsabilités accrues.

Finis les jours où l'on se contente de l'ancienneté. Ce nouveau rôle exige une approche proactive. Il est temps de retrousser vos manches, d'embrasser les défis et de faire valoir votre potentiel de leadership. Pensez-y comme une transformation, pas un déguisement. Vous êtes toujours vous, mais avec les compétences et la concentration supplémentaires nécessaires pour diriger une équipe. Donnez tout pendant les heures de travail et priorisez le repos et la récupération en dehors du bureau. Soyons honnêtes, le succès de l'entreprise repose sur l'effort collectif de sa main-d'œuvre, et les superviseurs jouent un rôle crucial dans cette équation. Vos supérieurs le comprennent – ils ont été à votre place, ont navigué les défis et ont finalement obtenu leurs promotions.

Voici le changement : au lieu de voir cette responsabilité comme un fardeau, considérez-la comme une opportunité de prise en main. Prenez en charge votre équipe, vos objectifs et votre impact sur l'organisation, et arrêtez de souhaiter être ailleurs.

L'objectif ultime est de rester concentré.

Il y a quelques années, nous avions un superviseur qui traitait le travail comme une chaise longue. Il était celui qui se moquait de l'ardeur de ses collègues, marmonnant qu'ils "couraient en rond". Eh bien, l'approche "décontractée" de Mike avait des inconvénients majeurs. La procrastination est devenue son meilleur ami, les délais sont devenus des souvenirs lointains, et le contrôle de son équipe ? Perdu plus vite qu'un chariot de supermarché en fuite dans le parking.

La confiance de son équipe s'est évaporée plus vite que des beignets gratuits au bureau. De simples questions de la part du patron se transformaient en sueurs, en panique et en improvisation. Et disons simplement que les "réponses créatives" de Mike ont rapidement dégénéré en mensonges complets. L'issue inévitable ? Licenciement. Dure réalité, peut-être, mais une leçon dure néanmoins.

Être superviseur ne consiste pas à se détendre et à laisser passer les heures. Il s'agit de leadership proactif, de communication claire et de rester au sommet de votre jeu. Comme l'a dit sagement Jim Rohn, "La vie est une des deux douleurs : la douleur de la discipline ou la douleur du regret." La même chose s'applique au leadership. Voulez-vous l'inconfort de rester vigilant, d'anticiper les défis et d'être proactif? Ou la douleur bien plus grande de voir votre équipe se débattre, de perdre le respect et, finalement, de faire face à des répercussions professionnelles potentielles?

Pensez-y de cette façon : le superviseur concentré pourrait ressentir la piqûre occasionnelle d'être "toujours sur le pont". Mais c'est un léger inconvénient par rapport au poids écrasant de la déception, de la perte de confiance et de la perte d'emploi potentielle. Un leadership efficace consiste à rester au sommet de votre jeu, à cultiver une présence qui inspire confiance et fiabilité. Votre équipe et vos supérieurs doivent vous voir comme un leader capable, quelqu'un sur qui ils peuvent compter.

Les superviseurs portent de nombreux chapeaux, et rester concentré peut être un défi. Voici quelques conseils pour vous aider à rester au top :

MIT (Most Important Thing) : Identifiez vos 1 à 3 objectifs les plus cruciaux pour la journée, la semaine ou le mois. Concentrez votre énergie sur ceux-ci en premier. Cela pourrait être une échéance de projet, une réunion d'équipe pour aborder un problème urgent ou une session de planification stratégique.

Planification et Programmation : Bloquez du temps de travail concentré dans votre calendrier. Traitez ces blocs comme des réunions importantes et évitez de programmer par-dessus. Communiquez cela à votre équipe et à vos collègues pour établir une norme de respect du temps de travail concentré.

Gestion des Tâches : Créez une liste de tâches et priorisez-les. Déléguez ce que vous pouvez et décomposez les grands projets en étapes plus petites et gérables.

Minimiser les Distractions : Mettez en sourdine les notifications, éloignez votre téléphone et trouvez un espace de travail calme si possible. Envisagez d'utiliser des outils comme les bloqueurs de sites Web pendant les périodes de travail concentré.

Techniques de Gestion du Temps : Essayez la technique Pomodoro : travaillez par intervalles concentrés de 25 minutes avec de courtes pauses entre chaque. Il existe de nombreuses applications de gestion du temps qui peuvent vous aider à mettre cela en œuvre.

Courtes Pauses : Faites de courtes pauses tout au long de la journée pour rafraîchir votre esprit et éviter l'épuisement. Levez-vous, bougez ou faites quelques exercices de respiration profonde.

Habitudes Saines : Assurez-vous de dormir suffisamment, de manger des aliments sains et de rester hydraté. Ces habitudes amélioreront votre concentration générale et votre bien-être. N'oubliez pas : en tant que superviseur, vous donnez également le ton pour votre équipe. En démontrant de bonnes habitudes de concentration, vous les encouragez à faire de même.

Établissez d'abord votre réputation.

Au début, vous devez rester sérieux et suivre strictement les règles de l'entreprise aussi longtemps que possible. Vous devez d'abord établir votre réputation. Faites-vous connaître comme quelqu'un de sérieux et de rigoureux. Tout le monde devrait vous reconnaître pour cela initialement. Être strict et rigoureux ne signifie pas que vous ne devriez pas être compréhensif ou humain. Cela signifie que, avant de montrer de la flexibilité dans la prise de décision, vous devez établir une base solide. Une fois que votre réputation est établie, vous pouvez commencer à montrer davantage votre personnalité. La clé est la constance. Bien que la flexibilité soit importante, une réputation de longue date pour l'équité et la fermeté vous permet d'offrir occasionnellement de la clémence sans miner votre autorité. Pensez-y comme à l'accumulation de "capital de leadership".

Plus vous êtes constant, plus un compromis bien placé aura de l'impact. De plus, avant de dire "je laisse passer cette fois-ci", vous devez établir un historique d'application cohérente de la responsabilité. Avant de traiter votre personnel à un déjeuner en signe d'appréciation, il doit être clair que c'est leur travail de compléter le travail, déjeuner ou non. Votre rôle n'est pas de les soudoyer pour faire le travail; c'est de superviser et de s'assurer qu'ils accomplissent leurs responsabilités. L'entreprise paie leur salaire.

Autant être "sympa ou gentil" semble positif, mon conseil est de ne pas se laisser emporter par l'idée d'être "le patron sympa". Soyez amical, mais pas amis. Établissez des limites claires pour maintenir le respect et le professionnalisme. La construction de la confiance et d'une forte réputation prend du temps. Concentrez-vous sur la démonstration constante de qualités solides. En suivant ces conseils, vous serez bien parti pour vous établir en tant que superviseur respecté et efficace.

Faites ce qu'on attend de vous : LES CONFRONTATIONS!

Soyons honnêtes, la transition vers un rôle de superviseur peut être intimidante. Soudain, vous êtes responsable de gérer les conflits, d'aborder les problèmes de performance et de favoriser un environnement d'équipe productif. Il est naturel de vouloir éviter les conversations difficiles ou d'espérer que les problèmes se résolvent d'eux-mêmes. Mais voici la chose : l'évitement ne fait que créer de plus gros problèmes à long terme. Les nouveaux superviseurs, comme beaucoup de gens, ont tendance à éviter :

- Accuser les gens en face.
- Poser des questions sérieuses.
- Distribuer des lettres de violation ou des avertissements.
- Blâmer directement quelqu'un pour une perte ou un échec.

En tant que nouveau superviseur, il est tentant de s'appuyer sur l'humour et une personnalité "décontractée" pour se connecter avec votre équipe. Mais voici le défi : bien que l'accessibilité soit essentielle, un flux constant de blagues peut éroder votre crédibilité et rendre difficile l'abord des problèmes sérieux. De même, un certain niveau de détachement professionnel vous permet de donner des critiques constructives, de prendre des décisions difficiles et de commander le respect. Une approche trop amicale peut rendre ces actions inauthentiques. Rappelez-vous, les attachements émotionnels peuvent rendre difficile l'abord des problèmes de manière équitable. La distance professionnelle vous permet d'aborder les situations avec objectivité et de s'assurer que tout le monde est tenu aux mêmes normes.

Restez calme et composé, respirez : Prendre quelques respirations profondes aide à réguler les émotions et permet une approche plus posée.
Reconnaissez la situation : Reconnaissez la tension et exprimez votre désir de trouver une solution.
Écoute active : Accordez toute votre attention à l'employé, lui permettant d'exprimer ses préoccupations sans interruption.
Posez des questions de clarification : Cherchez à comprendre leur perspective et la racine du problème.
Concentrez-vous sur les faits : Séparez les émotions des faits de la situation.
Proposez des solutions : Travaillez en collaboration avec l'employé pour trouver une solution qui réponde à ses préoccupations et aux besoins de l'entreprise.
Soyez juste et cohérent : Appliquez les politiques et procédures de l'entreprise de manière équitable et cohérente à travers l'équipe.

Établissez des attentes claires : Avoir des attentes claires concernant la performance au travail, les délais et les styles de communication peut aider à prévenir les malentendus.

Maintenez les lignes de communication ouvertes : Favorisez un environnement où les employés se sentent à l'aise de vous aborder avec des préoccupations avant qu'elles ne s'aggravent.

Impliquer les RH : N'hésitez pas à impliquer les RH pour des conseils sur des situations complexes ou des actions disciplinaires.

Mentorat : Demandez conseil à un superviseur plus expérimenté pour apprendre de ses expériences.

Planifiez un espace privé : Conduisez la conversation dans un espace privé pour éviter un public et une escalade supplémentaire.

Maintenez le professionnalisme : Évitez de devenir défensif ou personnel. Concentrez-vous sur la résolution du problème de manière professionnelle.

Suivez : Après avoir trouvé une solution, vérifiez avec l'employé pour vous assurer que les choses progressent bien.

Rappelez-vous, la confrontation peut être une opportunité de croissance. En l'abordant calmement, objectivement et avec un focus sur les solutions, vous pouvez renforcer les relations avec votre équipe et vous établir en tant que leader capable.

Effectuez votre travail

En cas de disputes, intervenez toujours — espérer que les problèmes se résolvent d'eux-mêmes est irréaliste. C'est votre responsabilité d'intervenir et de guider la situation vers une résolution. Fermer les yeux sur un conflit ne le fait pas disparaître. L'intervention proactive démontre votre engagement envers une dynamique d'équipe saine et vous permet de faciliter une résolution juste et constructive.

Rappelez-vous, les conflits non résolus engendrent des problèmes, érodent le moral, nuisent à la productivité et créent un environnement de travail toxique.

En écoutant toutes les parties sans jugement et en facilitant une communication ouverte et une collaboration pour trouver une solution gagnant-gagnant, vous serez sur la bonne voie pour résoudre les conflits de manière constructive, favorisant un environnement d'équipe plus positif et productif. De plus, la transition vers un rôle de superviseur nécessite un changement de mentalité.

Alors que vous étiez autrefois concentré sur vos propres tâches, vous êtes maintenant responsable de guider votre équipe et de vous assurer qu'elle respecte les politiques de l'entreprise.

Cela peut impliquer de traiter des problèmes de performance ou des violations de règles. Les confrontations sont mieux utilisées pour une communication claire et la recherche de solutions, non pour assigner des blâmes.

Concentrez-vous sur le comportement, pas sur la personne, et travaillez en collaboration pour trouver une voie à suivre. Trouver le "bon dosage" est crucial. Les réactions trop sévères érodent la confiance, tandis que la passivité permet aux problèmes de s'envenimer.

Rappelez-vous aussi que traiter les problèmes de performance ne consiste pas à exercer le pouvoir – il s'agit de construire une équipe plus forte. En développant ces compétences, vous serez bien positionné pour naviguer efficacement dans les conversations difficiles et maintenir le respect de votre équipe. Votre "respect-o-mètre" vous en remerciera.

Mon histoire d'action:
J'étais remplaçant pour un superviseur en vacances dans un département de 20 employés. La pause déjeuner désignée était à 11h30. Cependant, j'ai remarqué un schéma où les employés commençaient à se détendre et à partir aux toilettes ou à la cafétéria dès 11h15. Cela a entraîné une fenêtre de 15 minutes de productivité réduite, affectant la production globale de l'équipe.

Passer à l'action:
J'ai abordé la disparité observée entre l'heure de pause prévue et le moment où les employés quittaient leurs bureaux. J'ai souligné l'importance de respecter les horaires de pause établis pour maintenir une productivité optimale.

La réponse "Mais nous avons toujours fait comme ça":
Sans surprise, un employé a soulevé un point valide : le superviseur précédent n'avait pas appliqué l'heure de début de 11h30. Cela a souligné l'importance d'une communication claire. J'ai expliqué que dorénavant, la cohérence dans les horaires de pause était cruciale pour l'efficacité globale de l'équipe.

Traiter la non-conformité:
Malheureusement, trois employés ont choisi d'ignorer les nouvelles directives et sont partis déjeuner tôt ce même jour. Pour maintenir la cohérence et l'équité, j'ai émis en privé des avis disciplinaires écrits à ces individus. Les avis expliquaient la politique de l'entreprise concernant les heures de pause et comment leurs actions impactaient à la fois la productivité et le moral de l'équipe. Dès que l'autre superviseur est revenu de ses vacances, je lui ai expliqué ce qui s'était passé. Il en avait déjà entendu parler par l'équipe. Je lui ai conseillé de tirer parti de mes actions et de maintenir le contrôle.

Il m'a remercié et a dit, "Il était difficile d'aborder ce problème parce que tout le monde le faisait à cause d'un superviseur précédent qui n'était pas trop strict." C'était un héritage de mauvais comportements qui étaient restés sans réponse pendant longtemps, et quelqu'un devait agir pour les corriger.

QUI EST UN SUPERVISEUR?

Un superviseur est comme un officier de l'armée sur le terrain, un policier en service ou un directeur d'école gérant la cour de récréation. Tout comme ces professionnels ne peuvent éviter les confrontations dans leur travail quotidien, vous ne le pouvez pas non plus. À l'image d'un policier, un superviseur traite une variété de situations, certaines nécessitant de la fermeté, d'autres de la compassion. La clé est de maintenir le professionnalisme en tout temps. Un leadership efficace ne consiste pas à aboyer des ordres ni à être l'ami de tout le monde. Il s'agit de créer un environnement où votre équipe se sent respectée, soutenue et habilitée à donner le meilleur d'elle-même.

Un superviseur est attendu et requis d'agir.

Imaginez voir un policier laisser partir des contrevenants sans même un avertissement. Oubliez le respect ; juste la pensée que les rues deviennent chaotiques suffit à motiver un policier à agir. Le travail de cet officier est de confronter et de restreindre les contrevenants, émettant des contraventions ou procédant à des arrestations si nécessaire. Tout le monde s'attend à ce que l'officier joue ce rôle malgré le mécontentement du public. De même, tout le monde s'attend à ce que vous effectuiez votre travail en tant que superviseur. Si vous ne le faites pas, votre lieu de travail peut perdre le contrôle, perdre des affaires et finalement, tout le monde pourrait perdre son emploi en conséquence.

De plus, l'objectif n'est pas de punir chaque infraction mineure, mais de favoriser un environnement de travail productif. Les superviseurs y parviennent en abordant les problèmes, en coachant leur équipe et en travaillant en collaboration pour trouver des solutions. Tout comme un officier de police respecté obtient la coopération de la communauté, les superviseurs qui construisent la confiance avec leur équipe peuvent obtenir des résultats positifs sans avoir recours à des confrontations constantes.

Un leadership efficace ne consiste pas seulement à appliquer des règles. Il s'agit de guider votre équipe, de l'habiliter à prendre de bonnes décisions et de créer un environnement de travail positif où chacun peut s'épanouir.

Donc, vous devez changer et vous devez vous adapter à un caractère différent et devenir une nouvelle personne?

Pendant ma première année en tant que superviseur, je suis devenu intentionnellement plus assertif au travail. Cette assertivité, nécessaire pour traiter les problèmes de performance et faire respecter les politiques, a commencé à déborder dans ma vie personnelle. Je me suis retrouvé à être excessivement critique et opiniâtre dans des situations qui ne le nécessitaient pas. Ma femme a commenté mon augmentation de l'esprit de contradiction, et mes amis ont remarqué mes tendances contrôlantes. Heureusement, avec le temps et une prise de conscience de soi, j'ai appris à m'ajuster.

J'ai découvert l'importance de compartimenter les comportements professionnels et de maintenir une distance professionnelle au travail tout en étant authentique dans les contextes personnels.

Votre implication est attendue.

Deux employés ont failli en venir aux mains lorsqu'un superviseur s'est interposé passivement entre eux. Il a essayé de les bloquer avec son corps pendant qu'ils s'insultaient et se menaçaient pendant cinq minutes.

Après que tout se soit calmé, il leur a demandé de retourner à leurs postes de travail, espérant désamorcer la situation. Les deux se sont finalement calmés et sont retournés travailler, et le superviseur a pensé avoir résolu un gros problème.

Cependant, il ne l'avait pas. Les deux individus, qui ne s'étaient pas parlé depuis l'incident, m'ont raconté l'événement plus tard. Tous deux étaient étonnés de la patience du superviseur et surpris qu'il ne les ait pas suspendus immédiatement ou appelé la sécurité. Ils étaient mentalement prêts à être suspendus sans solde sur-le-champ en raison de l'impact de la bagarre. Cependant, ce qui les a marqués, c'est le manque de discipline de la part du superviseur.

Malgré leur dispute, tous deux comprenaient inconsciemment les conséquences potentielles : perdre un emploi bien rémunéré, une carrière et un plan de retraite à cause d'un moment de stupidité. Toute bagarre avec un collègue pâlit en comparaison de la perspective d'être licencié et de perdre son gagne-pain.

Ce superviseur n'a pas appliqué la discipline attendue, et **alors que les employés étaient satisfaits de sa non-réaction, le superviseur a instantanément perdu son respect et son statut devant tout le monde, et ce, pour longtemps.** Ils savaient au fond d'eux-mêmes que quelqu'un d'autre aurait géré la situation différemment, avec des conséquences appropriées.

Les conséquences:

Perte de contrôle : En évitant la confrontation, le superviseur a envoyé le message que le mauvais comportement était toléré. Cela a encouragé les employés à se manquer de respect, menant à un environnement de travail chaotique.

Augmentation des conflits : Le manque de respect non contrôlé crée un terreau fertile pour les conflits individuels. Ignorer ces problèmes permet aux tensions de mijoter et d'éclater en problèmes plus importants.

Taux de plaintes le plus élevé : Les employés se sentaient ignorés et méprisés, ce qui a conduit à une augmentation des plaintes. Cela met en évidence une rupture complète de la confiance et de la communication.

Autorité dévalorisée : L'inaction du superviseur a érodé son autorité. Sa présence est devenue insignifiante car les employés ne s'attendaient pas à ce qu'il traite les problèmes.

Cette situation est récupérable, mais elle nécessite une approche proactive.

Le superviseur devrait :

Reconnaître le problème : Discuter ouvertement de l'état actuel du département et de l'impact de son inaction.

Établir des attentes claires : Définir un comportement acceptable au travail et les conséquences du manque de respect.

Confronter les problèmes directement : Aborder les conflits de front et trouver des solutions équitables.

Rebâtir la confiance : Montrer un engagement envers un environnement de travail respectueux et productif.

Ce sera un voyage, pas une solution rapide, mais avec un effort constant, le superviseur peut reprendre le contrôle et favoriser un environnement d'équipe plus positif et productif.

Restez visible et alignez-vous sur l'énergie de votre équipe!

Un superviseur doit toujours être visible ou, au moins, facilement accessible en cas de besoin. Vous ne devez pas paraître complaisant alors que votre personnel travaille dur; au contraire, montrez un intérêt sincère et enthousiaste pour ce que fait votre équipe. Montrez que vous suivez méticuleusement le flux de travail étape par étape et que vous êtes en phase avec votre équipe, mentalement alerte et prêt à gérer toute situation qui se présente.

Lorsque vous correspondez au rythme et à la vigueur du sol, les employés sentent que vous faites véritablement partie de l'équipe. À l'inverse, si vous semblez trop détendu, vous sapez involontairement leurs efforts de nombreuses façons. Cela peut les encourager à vous manquer de respect et à ignorer vos directives. Ils pourraient simplement penser, "C'est facile de donner des ordres quand on ne bouge pas le petit doigt soi-même."

Mettez à jour et réévaluez la situation

Un bon superviseur tient méticuleusement une chronologie détaillée de "ce qui se passe" à chaque étape tout au long du quart de travail. Vous devez maintenir une "image mentale" actualisée du site, vous permettant de vous adapter rapidement aux changements soudains. Cette préparation mentale vous permet de résumer et de revoir efficacement la situation en cas d'urgence.

Les décisions inattendues et les questions urgentes de votre patron surviendront plus fréquemment que vous ne le pensez. Vous pourriez être confronté à une situation où un employé fatigué ou malade décide de quitter son poste crucial en plein milieu du quart de travail. Avez-vous un plan de secours? Une machine pourrait tomber en panne, nécessitant que vous réassigniez le personnel à une autre. Savez-vous quelles machines sont disponibles?

Si vous ne vous préparez pas à l'avance, restez trop détendu et n'anticipez pas les problèmes potentiels, le résultat sera préjudiciable. Vous perdrez un temps précieux et laisserez inévitablement votre patron "furieux."

Engagement Pratique

Parcourez votre sol de travail, en vous approchant aussi près que possible de votre personnel en toute sécurité. Passez quelques secondes à observer ce qu'ils font, et partez de manière agréable, malgré les murmures ou les grimaces négatives. Soyez présent et laissez-les s'habituer à votre présence.

Qu'ils ressentent votre implication. Rappelez-vous, le respect signifie considérer quelqu'un qu'il soit présent ou non. Assurez-vous que votre présence soit ressentie et anticipée même lorsque vous n'êtes pas là. Vous ne cherchez pas l'approbation de vos employés en effectuant votre travail; les émotions de mécontentement souffleront régulièrement dans votre direction. Si vous vous sentez sous pression parce que vous n'aimez pas la négativité, développez une "peau plus dure" et grandissez.

Votre Approche

Si vous êtes soit trop gentil, soit trop sévère, ce n'est pas idéal pour ce rôle. Un bon superviseur ne devrait jamais s'impliquer émotionnellement dans les transactions et les épreuves quotidiennes. Être trop gentil ou excessivement dur ne fait pas de vous un professionnel. L'implication émotionnelle dans vos tâches affectera votre bien-être, vos performances et la longévité de votre carrière à long terme.

L'approche agressive!

Si vous commencez par être autoritaire, cela ne vous mènera finalement nulle part. Cela pourrait temporairement accomplir le travail, mais seulement lorsque vous êtes présent. Cette approche poussera uniquement les employés les plus timides à travailler par peur, et ils pourraient éventuellement se mettre à appeler malades, devenir déprimés ou même simuler des blessures pour éviter de venir travailler tout en étant payés. De plus, les employés vraiment travailleurs deviendront de plus en plus frustrés et pourraient commencer à conspirer secrètement contre vous. Ils pourraient influencer les autres à faire de même, créant une coalition contre votre approche négative. Avec cette tactique, vous risquez de perdre vos meilleurs membres d'équipe à cause de la frustration et de l'épuisement. Être trop agressif ne fonctionnera pas non plus avec vos employés les plus résilients, car cela provoquera une résistance instantanée et heurtera leur ego, ce qui nécessite une approche différente.

Certains nouveaux superviseurs ont recours à l'approche agressive pour compenser leur manque de connaissances, mais les employés perspicaces verront clair à travers cela. Beaucoup d'employés percevront votre agressivité comme un signe de faiblesse. Ils interpréteront votre comportement agressif comme une vulnérabilité, supposant que vous criez parce que vous ressentez le besoin d'imposer vos exigences par l'intimidation, comme pour dire, "Je vous menace; si vous ne vous conformez pas, il y aura des conséquences." Souvent, les gens vous donneront le contraire de ce que vous voulez lorsque vous les défiez négativement.

À long terme, être agressif érodera les ponts de communication et de confiance entre vous et votre personnel, endommageant finalement l'entreprise, et ils font souvent face à une avalanche de plaintes, et pour de bonnes raisons.

L'approche passive!

D'autre part, la passivité n'équivaut pas au respect. L'approche trop gentille et douce a un effet similaire à l'approche agressive; elle envoie un signal faible disant, "Je suis dépassé par les responsabilités de superviseur, donc je dois mendier ou soudoyer pour m'en sortir." L'approche "trop amicale" pourrait temporairement fonctionner si votre personnel est de bonne humeur, mais leur réponse sera par pitié, pas par respect. Ce n'est pas le genre de réponse que vous voulez. Cela vous dépouille de toute autorité, vous empêchant d'être pris au sérieux et vous rendant finalement indigne du titre de "Leader".

Comme je l'ai mentionné précédemment, vous pouvez être vous-même et faire preuve d'empathie dans des situations spécifiques, mais vous devez d'abord établir un caractère fort. Votre réputation doit être fiable, équitable et "réglementaire" au départ. Ce n'est qu'alors que vous pourrez raisonnablement répondre aux situations avec gentillesse si vous choisissez de le faire.

Établissez votre réputation pendant la période de probation !

Si vous êtes encore en période d'essai, vous devez être solide, ne jamais fléchir et suivre strictement les règles. Maintenez cette approche jusqu'à la fin de votre période d'essai. Typiquement, pour la plupart des entreprises, la période d'essai dure de 3 à 6 mois, pendant laquelle les nouveaux superviseurs sont étroitement examinés et observés. Si votre score de performance est bas à la fin de cette période, votre emploi pourrait être en danger.

La direction écoute souvent les plaintes des employés sur vos méthodes. De nombreux employés sont rapides à vous donner une note basse pour même les plus petites erreurs et à les signaler à votre patron. Au lieu de cela, assurez-vous que votre patron entende que vous êtes sérieux et professionnel. Laissez-le recevoir des plaintes selon lesquelles vous ne distribuez pas de faveurs ou n'êtes pas trop amical, mais assurez-vous qu'il n'entende pas que vous manquez de respect à vos employés.

Vous devez être assertif. **Un superviseur en période d'essai, tout comme tout nouvel employé, doit avoir un comportement exemplaire pour démontrer son aptitude au rôle.** Voici quelques moyens spécifiques pour un superviseur en période d'essai de faire bonne impression :

Se concentrer sur la construction de relations : Prenez le temps de connaître les membres de votre équipe, de comprendre leurs forces et leurs faiblesses et de bâtir la confiance.
Démontrer de solides compétences en communication: Communiquez clairement les objectifs et les attentes à votre équipe et soyez ouvert aux rétroactions d'information, tant de la part des subordonnés que des supérieurs. L'écoute active est essentielle.
Être proactif et orienté vers les résultats: Prenez des initiatives, résolvez les problèmes efficacement et efforcez-vous d'obtenir des résultats mesurables dans votre domaine de responsabilité. Cela montre que vous êtes un atout précieux pour l'équipe.
Être un modèle : Donnez l'exemple avec une solide éthique de travail, du professionnalisme et une attitude positive. Cela donne le ton pour l'équipe et l'inspire à bien performer.
Adopter l'apprentissage continu : Soyez ouvert aux rétroactions et disposé à apprendre de nouvelles compétences et approches pour améliorer vos capacités de leadership. Cela montre un engagement envers la croissance et le développement.

Éviter d'être inflexible ou réticent à s'adapter : Soyez ouvert aux nouvelles idées et prêt à ajuster votre approche en fonction des rétroactions et des circonstances changeantes.

Être assertif!!

Être assertif est la voie à suivre. Cela signifie gérer vos responsabilités avec un esprit clair, libre d'influences émotionnelles, et maintenir constamment le contrôle. **L'assertivité** vous permet d'aborder les tâches avec concentration et logique, garantissant que vos décisions ne sont pas influencées par des émotions ou des conflits personnels. La personne assertive est toujours respectueuse envers elle-même, la situation et tout le monde. L'individu confiant n'a pas besoin d'élever la voix; il reste calme et reflète l'humeur générale de la situation. Dans les moments urgents, il ne réagit pas de manière excessive mais accorde plutôt la bonne quantité d'attention et de réflexion à chaque circonstance. Cet équilibre garantit qu'il gère les situations efficacement, en maintenant son calme et en fournissant des réponses appropriées sans escalade inutile.

Votre personnel vous aimera et vous respectera pour votre assertivité; ils vous feront confiance et suivront volontiers votre leadership, se sentant en sécurité et heureux de travailler pour vous. Un superviseur assertif montre qu'il ne tombe pas dans les jeux puérils. Il reste indifférent aux blagues, et il ne ressent pas le besoin de répondre à chaque commentaire stupide ou question maladroite. Plus important encore, il n'est pas facilement provoqué, maintenant un comportement stable et posé qui gagne l'admiration et la confiance de son équipe.

Votre personnel cessera de perdre votre temps et celui de l'entreprise. Ils réaliseront que leurs petits jeux mentaux ne vous affectent pas et que vous les interpellez calmement et avec confiance sur leurs absurdités à tout moment de la journée.

Cette prise de conscience favorise un environnement de travail plus productif et respectueux, où chacun se concentre sur ses tâches et contribue positivement aux objectifs de l'équipe.

Le superviseur assertif
- Sait dire "Non" sans culpabilité.
- Il ne ressent pas le besoin de justifier une discipline lorsqu'elle est nécessaire.
- Il tient sa parole et évite de trop promettre.

Le superviseur assertif peut dire "oui" ou "non" sans aucune culpabilité. Toutes leurs décisions priorisent d'abord la sécurité, puis le bénéfice de l'entreprise et de ses clients. Au fil du temps, à mesure que votre carrière progresse, ce à quoi vous choisissez de dire "oui" ou "non" définira le type de superviseur que vous devenez. Cette considération et cet équilibre minutieux dans la prise de décision façonnent votre identité professionnelle et influencent le succès de votre équipe.

Scénario commun: *Un superviseur qui vient de commencer à travailler dans une entreprise décide de prioriser la "compréhension" des besoins personnels des employés par rapport à l'adhésion aux politiques de l'entreprise. Dans cette entreprise relativement peu dotée en personnel, il existe une politique stricte sur les périodes de vacances des employés. Cependant, tout le monde préfère partir en vacances en juillet.*

Si de nombreux employés obtiennent des vacances en même temps, l'entreprise se retrouvera avec presque aucun personnel ce mois-là. Cette situation pourrait entraîner une réduction significative de la production ou la nécessité d'embaucher et de former de nouveaux employés pour un seul mois, ce qui est très coûteux.

Néanmoins, pour ce nouveau superviseur, toutes les excuses et arguments qu'il entend semblent être des raisons valables pour enfreindre la politique de l'entreprise.

"Ma femme prend ses vacances en juillet, alors je veux juillet"; "Mes enfants sont en congé scolaire en juillet, je ne peux pas voyager avec eux en mars, n'est-ce pas?"; "J'ai promis à mon père de l'emmener à la pêche en juillet; septembre est trop froid pour lui." Alors, que faire?

Un superviseur assertif prendra certainement en considération et empathisera avec la plupart des arguments, mais appliquera en fin de compte ce qui est le mieux pour l'entreprise. Ils ne se sentiront pas coupables de n'accorder des vacances en juillet qu'à ceux qui le méritent et strictement selon les règles de l'entreprise. De plus, un excellent superviseur assertif expliquera volontiers et calmement aux autres pourquoi leurs demandes n'ont pas été satisfaites, assurant ainsi la transparence et maintenant la confiance au sein de l'équipe.

Cette approche équilibre l'empathie avec le respect des politiques, renforçant à la fois l'équité et l'intégrité organisationnelle. Cependant, si vous accordez plus de vacances que vous ne devriez, la direction interviendra probablement, soit en annulant vos promesses et en annulant les vacances pour sauver l'entreprise, soit en vous "brisant" totalement - en vous rétrogradant et en vous faisant payer pour les affaires perdues. Dans les deux cas, vous perdez. Ce résultat souligne l'importance de respecter les politiques de l'entreprise et de prendre des décisions qui équilibrent l'empathie avec les besoins organisationnels, garantissant à la fois la satisfaction des employés et la continuité des affaires.

Absentéisme minimal

Tout le monde remarque l'absence d'un superviseur, pas seulement dans son département direct mais aussi dans les autres qu'il supervise. Les employés font souvent un compte mental de qui est présent et qui est absent, posant des questions comme : Est-il licencié? Est-elle malade? Sont-ils en vacances ensemble?

Les employés sont naturellement intéressés par le groupe de superviseurs qui influencent leur vie quotidienne pendant des heures et des années. Votre absence est notée de manière significative, soulignant l'impact important qu'un superviseur a sur l'environnement et la dynamique de son équipe.

Un département sans superviseur est comme une classe sans enseignant; cela devient désordonné et "chacun pour soi". Dans les entreprises, la direction est obligée de trouver un remplaçant pour tout superviseur absent. Ce n'est pas quelque chose qu'ils aiment faire sans préavis, car cela perturbe le flux de travail et nécessite des ajustements rapides. L'absence d'un superviseur peut entraîner un manque de direction et une diminution de la productivité, rendant crucial pour les superviseurs d'assurer une communication et une planification appropriées pour toute absence.

De plus, lorsque vous devenez vous-même un absentéiste fréquent, il devient difficile de discipliner les autres pour la même raison. Vous devenez vulnérable, perdant une grande partie de votre intégrité et respect déjà fragiles. De plus, un abus fréquent du système peut conduire à votre propre chute, car cela sape votre crédibilité et votre autorité, pouvant potentiellement entraîner une courte durée dans votre poste. Maintenir une présence cohérente et respecter les mêmes normes que vous attendez de votre équipe est essentiel pour le succès à long terme et le respect en tant que superviseur.

Habillez-vous pour le rôle!

Dans la plupart des entreprises, le superviseur a un uniforme distinctif, le distinguant de tout le monde. Cette distinction est intentionnelle, garantissant que vous êtes facilement visible et que l'on peut facilement se référer à vous si quelque chose se passe.

Prendre soin de votre uniforme et le garder en bon état est essentiel, car il renforce votre rôle et votre autorité au sein de l'organisation.

Cette différenciation visuelle aide à maintenir l'ordre et la clarté, facilitant l'identification du leadership par les employés lorsque cela est nécessaire. Cet uniforme élève votre rang au-dessus de vos employés, vous conférant autorité et présence, à l'instar des policiers, des juges ou des arbitres. En le gardant propre et soigné, vous paraissez plus abordable et agréable, projetant l'image d'une personne bien organisée. Cette attention à votre apparence non seulement renforce votre autorité mais favorise également le respect et la confiance de votre équipe.

Comment le superviseur assertif commence-t-il la journée? Envoyez un message clair chaque jour.

Le superviseur assertif commence la journée avec un message clair et sans équivoque. Ce message quotidien est la pierre angulaire de votre rôle; il rappelle qui est le patron et donne le ton pour la suite des événements. Ce message marque le début officiel de la journée, alignant les pensées et les efforts du groupe vers un objectif commun. Votre message doit être clair, organisé et délivré de manière que tout le monde comprenne. Transmettez-le avec clarté et directivité, en veillant à ce que votre ton de voix et votre posture communiquent également des messages non-dits qui renforcent votre leadership. Cette approche non seulement fixe les attentes mais renforce également votre autorité et motive votre équipe à travailler de manière cohérente vers des objectifs partagés.

Pour un nouveau superviseur:
Présentez-vous avec confiance. Dites votre nom clairement et fournissez un bref aperçu de votre parcours au sein de l'entreprise ou de votre expérience pertinente à l'extérieur.

Pour un message quotidien:
Commencez par reconnaître leurs efforts de la veille.

Par exemple, "Merci pour hier. Grâce à votre travail acharné, notre productivité a atteint [résultat spécifique]."
Si la productivité était faible, abordez-le honnêtement : "Hier, notre productivité était en dessous des attentes. Aujourd'hui, j'attends de nous faire mieux."

Discutez des enjeux d'aujourd'hui:
Exposez clairement les tâches et attentes du jour. "Aujourd'hui, nous devons nous concentrer sur [tâches spécifiques]. J'attends de chacun [attentes spécifiques]." Cette approche garantit que votre message est clair, concis et donne le ton de la journée, renforçant votre leadership et guidant votre équipe vers des objectifs communs.

Énoncer clairement vos attentes est crucial. Soyez direct et ferme dans votre communication, et n'hésitez pas à réitérer les points clés si nécessaire. Rappelez-vous, tout le monde est là pour une raison, et une communication claire est essentielle pour atteindre les objectifs. Si quelqu'un essaie d'interrompre, demandez poliment mais fermement de finir votre pensée en premier. Cela garantit que vous délivrez votre message efficacement et permet des discussions ciblées par la suite.

Cependant, il est essentiel d'équilibrer parler et écouter. Après avoir clairement avancé vos objectifs quotidiens, engagez ensuite un dialogue bilatéral. Cette approche garantit que vos priorités sont communiquées efficacement en premier, établissant la direction de la journée, avant d'ouvrir la parole pour les retours et discussions. Équilibrer l'assertivité avec l'écoute active favorise un environnement de travail productif et respectueux, où tout le monde se sent écouté mais comprend les objectifs primaires. Après avoir délivré votre message important, laissez-les parler et encouragez-les à poser des questions ou à partager leurs pensées. Lorsque les employés se sentent libres d'exprimer leurs opinions sur le travail, ils ont tendance à être plus motivés et à prendre plus d'initiatives pour prouver leurs idées.

Cette communication ouverte favorise un environnement collaboratif et innovant, où tout le monde se sent valorisé et engagé à atteindre des objectifs communs.

Néanmoins, vous devez connaître la différence entre une critique constructive et des questions valables par rapport à des commentaires qui font perdre du temps. Après avoir écouté pendant quelques minutes, n'hésitez pas à arrêter les questions si elles deviennent non productives. Lorsqu'il y a trop de questions, vous pouvez répondre en disant : "S'il vous plaît, assez pour aujourd'hui. Commençons à travailler. Si vous avez quelque chose à dire, je vous verrai pendant la journée. Je passerai par vos stations." Cette approche garantit que les discussions restent ciblées et productives tout en permettant de traiter les préoccupations individuelles tout au long de la journée.

Personnalité

La manière dont vous exprimez vos mots et votre attitude générale renforcent votre caractère en tant que personne respectable. Votre communication non verbale lors de la transmission de votre message doit contenir ces suggestions implicites :

- Je vous parle avec une pleine confiance.
- Je peux élever la voix parce que je veux que le message soit très clair.
- Je ne veux pas me répéter, et je sais que vous effectuerez votre travail parce que c'est votre travail. Je ne demande pas.
- Je me fiche de ceux qui parlent et rient, et je n'ai pas le temps de répondre, mais vous serez responsables si je dis quelque chose maintenant et que vous l'ignorez ou l'oubliez plus tard.

Ces indices subtils aident à affirmer votre autorité et à assurer que votre équipe comprend l'importance de votre message et de leurs responsabilités.

La meilleure façon d'être assertif au travail n'est pas une approche unique. Chaque entreprise et chaque superviseur ont leur propre culture, et une assertivité réussie nécessite une adaptation à cet environnement. Il s'agit de bien plus que de ce que vous dites - votre ton de voix, vos expressions faciales et votre langage corporel jouent tous un rôle dans la transmission de la confiance et l'efficacité de votre message. La bonne nouvelle est que ces compétences en communication peuvent être pratiquées et perfectionnées avec le temps. En étant attentif à votre environnement et en maîtrisant ces aspects de l'assertivité, vous vous établirez, ainsi que vos idées, dans la dynamique unique de votre lieu de travail.

Pratiquez la prise de parole en public.

Pour les superviseurs, une communication claire et convaincante est l'arme clé. Les réunions sont votre principal champ de bataille, et vos mots, ainsi que leur livraison, façonnent la façon dont vous êtes perçu et influencent le succès de votre équipe. Rappelez-vous, la façon dont vous parlez révèle beaucoup de qui vous êtes en tant que leader. Ce n'est pas seulement ce que vous dites, mais aussi comment vous le dites.

<u>Et en tant que superviseur, votre outil principal n'est pas le travail physique, mais plutôt votre capacité à communiquer efficacement dans divers formats de réunion : discussions de groupe, bilans individuels et même négociations avec les supérieurs ou les représentants syndicaux.</u>

Vous devez affiner vos compétences en "prise de parole en public" pour communiquer ce que vous voulez.

La clarté est la pierre angulaire d'une communication efficace. Un superviseur avec des idées bien organisées, une voix claire et confiante, et un style de livraison solide sera le mieux équipé pour transmettre son message et inspirer son équipe.

La communication efficace repose sur des messages clairs et directs. Comme l'a dit Gibran, "Entre ce qui est dit et non voulu, et ce qui est voulu et non-dit, la plupart de l'amour est perdu." Cela s'applique tout aussi bien sur le lieu de travail. Lorsque vous parlez à des individus ou à des groupes, assurez-vous que votre message soit simple et délivré dans le contexte approprié. Un langage vague et des intentions non claires sont une recette pour les malentendus et les désaccords. Soyez clair, énoncez vos attentes directement et évitez les embellissements inutiles.

Investir dans une formation à la prise de parole en public peut améliorer considérablement votre efficacité en communication. Cependant, même si une formation formelle n'est pas disponible, il existe des pratiques d'auto-amélioration précieuses que vous pouvez adopter. Parlez-vous régulièrement devant un miroir, en vous enregistrant si possible. Cela vous permet d'analyser votre livraison et d'identifier les domaines à améliorer. N'hésitez pas à demander des rétroactions honnêtes à un ami de confiance. En pratiquant activement et en sollicitant des critiques constructives, vous pouvez affiner vos compétences en communication et devenir un orateur plus confiant et percutant.

Maîtriser les compétences en prise de parole en public est un outil puissant pour les superviseurs.
Voici comment cela se traduit sur le lieu de travail :

Clarté et concision : La prise de parole en public affine votre capacité à vous exprimer précisément en utilisant moins de mots. Cela se traduit par des instructions claires à votre équipe, minimisant la confusion et garantissant que tout le monde soit sur la même longueur d'onde.

Responsabilité : Une communication claire est essentielle pour tenir votre équipe responsable. Lorsque vous avez donné des instructions avec précision, cela renforce votre position lorsque vous traitez des tâches non terminées ou mal exécutées.

Exprimez vos paroles avec conviction.

L'expérience et la répétition sont des outils puissants pour renforcer l'assurance au travail. Plus vous parlerez dans divers contextes professionnels, plus vous deviendrez à l'aise et articulé.

Tout comme vous avez maîtrisé votre rôle précédent, consacrez du temps à étudier et à comprendre profondément vos responsabilités actuelles. Cette connaissance, combinée à l'expérience de la transmission de messages avec assurance, vous permettra de parler avec conviction et d'inspirer votre équipe.

Préparez-vous avant de participer à des réunions.

La préparation est la clé

Organisez vos points de discussion : Notez exactement ce que vous voulez dire sur papier. Cela aide à organiser vos pensées et à vous assurer de couvrir tous les points importants.
Formulez vos questions : Préparez des questions claires pour guider la discussion et vous assurer d'obtenir les informations dont vous avez besoin.
Mettez en évidence les points clés : Identifiez et accentuez les aspects les plus importants de votre message.
La pratique rend parfait : Répétez votre discours jusqu'à ce que vous vous sentiez confiant et fluide.
Anticipez les défis : Envisagez les contre-arguments potentiels et préparez vos réponses à l'avance.

L'impact des réunions disciplinaires

<u>C'est crucial pour votre équipe</u> : Si c'est une réunion disciplinaire, même si cela peut sembler routinier pour vous, ces réunions peuvent avoir un impact significatif sur la carrière de vos membres d'équipe. Abordez-la avec le sérieux nécessaire.

1. Enquête approfondie :

Recueillez des preuves : Collectez toute la documentation pertinente, comme les e-mails, les évaluations de performance, les déclarations de témoins ou les rapports d'incidents.

Révisez les politiques de l'entreprise : Assurez-vous de bien comprendre les politiques de l'entreprise liées au problème spécifique.

Documentez les interactions précédentes : Passez en revue les avertissements, discussions ou actions correctives antérieures avec l'employé.

2. Définissez le problème :

Articulez clairement le problème : Identifiez le comportement ou le problème de performance spécifique qui a conduit à la réunion disciplinaire.

Évitez les attaques personnelles : Concentrez-vous sur les actions et leur impact sur le lieu de travail, plutôt que sur des accusations personnelles.

3. Déterminez les conséquences :

Consultez les lignes directrices disciplinaires : Consultez la politique disciplinaire de l'entreprise pour déterminer les conséquences appropriées en fonction de la gravité du problème et de l'historique de l'employé.

Envisagez des alternatives : Explorez des options autres que le licenciement, comme des avertissements écrits, des suspensions ou des plans d'amélioration de la performance.

4. Préparez l'ordre du jour de la réunion :

Définissez les points clés : Créez un ordre du jour clair pour la réunion, incluant l'objectif, les problèmes spécifiques et le résultat attendu.

Prévoir du temps pour l'intervention de l'employé : Allouez du temps pour que l'employé explique son point de vue.

5. Pratiquez l'écoute active :

Concentrez-vous sur l'employé : Soyez prêt à écouter attentivement les explications et préoccupations de l'employé.
Montrez de l'empathie : Faites preuve d'empathie et de compréhension, même si vous n'êtes pas d'accord avec le point de vue de l'employé.

6. Documentez la réunion :

Prenez des notes détaillées : Enregistrez les points clés discutés, les décisions prises et les accords conclus.
Fournissez une copie à l'employé : Donnez à l'employé une copie des notes de la réunion pour ses dossiers.

7. Suivi :

Mettez en œuvre les conséquences : Assurez-vous que les conséquences convenues soient mises en œuvre rapidement et de manière cohérente.
Surveillez les progrès : Si un plan d'amélioration de la performance est en place, surveillez régulièrement les progrès de l'employé.

8. Conseils supplémentaires :

Restez calme et professionnel : Maintenez un comportement calme et professionnel tout au long de la réunion.
Impliquez les RH : Envisagez d'impliquer les RH pour obtenir des conseils et un soutien, en particulier pour les questions complexes ou sensibles.
Consultez un conseiller juridique : Si nécessaire, consultez un conseiller juridique pour assurer la conformité avec les lois sur l'emploi. En suivant ces étapes, vous vous assurerez que vos réunions disciplinaires sont gérées avec professionnalisme, équité et clarté, ce qui renforce la confiance et le respect au sein de votre équipe.

Un superviseur montrant le chemin.

Confiance avec respect : En tant que superviseur, vos mots ont du poids. Ils doivent dégager de la confiance et inspirer votre équipe, tout en démontrant du respect pour tous ceux avec qui vous interagissez. Lorsque vous fixez des délais ou des attentes, soyez clair et ferme. N'oubliez pas que le suivi est essentiel pour maintenir votre crédibilité.

Si vous devez aborder la performance d'un employé, adoptez un comportement sérieux et professionnel. Maintenez le contact visuel, utilisez le nom de l'employé et gardez votre message concis et direct. L'objectif est une communication claire, non l'intimidation. En gérant ces situations de manière assertive et professionnelle, vous établissez votre style de leadership, minimisez les problèmes futurs et favorisez un environnement de travail positif pour votre équipe.

La façon dont vous tenez votre personnel informé.

Les superviseurs jouent un rôle critique en tant que lien entre la direction et les employés. Ils agissent à la fois comme messagers et exécutants, transmettant des informations et veillant à ce que les tâches soient accomplies. Ce rôle peut impliquer de délivrer des nouvelles positives et négatives. Annoncer des promotions ou des primes peut être gratifiant, mais les superviseurs se retrouvent souvent à annoncer des nouvelles difficiles, comme des licenciements ou des changements dans les processus de travail visant à augmenter la productivité.

En tant que superviseur, la façon dont vous communiquez les nouvelles demandes influence grandement la façon dont votre équipe les reçoit et les met en œuvre.

Communication factuelle : Présentez les nouvelles informations de manière directe et factuelle. Évitez les justifications ou les excuses, car cela peut créer de la confusion ou de la résistance.

Communication respectueuse : Maintenez un ton respectueux et reconnaissez l'impact potentiel sur votre équipe. Cela ne signifie pas de la culpabilité, mais montre plutôt de l'empathie et de la compréhension.

Les superviseurs se trouvent parfois à annoncer des décisions impopulaires prises par la direction. Voici comment naviguer efficacement dans ces situations :

Évitez de rejeter la faute : Les phrases comme "ils m'ont dit de dire ça" sapent votre crédibilité et nuisent au moral de l'équipe. Assumez le message, même si vous n'avez pas pris la décision.

Concentrez-vous sur l'impact commercial : Cadrez les nouvelles règles dans un contexte commercial. Expliquez brièvement la logique derrière les changements, même si la direction n'a pas fourni de justifications spécifiques.

Communication claire : Expliquez clairement les nouvelles règles et leur mise en œuvre.

En suivant ces étapes, vous pouvez annoncer des nouvelles difficiles de manière efficace, minimiser le ressentiment et aider votre équipe à comprendre la situation dans son ensemble.
Il s'agit de vous présenter comme un leader qui comprend la situation tout en assurant une transition en douceur pour votre équipe.

Diriger et transférer une partie de la responsabilité

En tant que superviseur, vous voyez souvent des tâches inachevées et avez envie de vous y plonger et de les terminer vous-même. Cependant, vous ne pouvez pas, surtout dans des environnements syndiqués. La clé réside dans la confiance en les capacités de votre équipe et l'attribution efficace des tâches.

Une communication claire est cruciale - assurez-vous que tout le monde comprend ses rôles et les délais. Bien que vous deviez être disponible pour répondre aux questions et offrir des conseils, évitez la microgestion. Si le travail inachevé devient un problème récurrent, identifiez la cause profonde et mettez en œuvre des solutions pour améliorer l'efficacité de l'équipe.

La meilleure façon d'éviter les tâches inachevées à la dernière minute est la délégation proactive. Voici comment y parvenir :

Prévoir les retards potentiels : Anticipez les situations où les tâches pourraient ne pas être terminées à temps.
Déléguer avec des attentes claires : Déléguez des responsabilités importantes bien à l'avance, en veillant à ce que tout le monde comprenne son rôle et les délais.
Responsabilité partagée : Encouragez un sentiment d'urgence et de responsabilité partagée au sein de votre équipe. Cela signifie que tout le monde, y compris vous-même, se sent responsable de respecter les délais.

Un superviseur efficace comprend que la motivation est la clé d'une équipe réussie. Cela peut être réalisé par une approche en trois volets. Premièrement, en fournissant à votre équipe les ressources et la confiance dont elle a besoin, vous créez un environnement de soutien qui favorise un sentiment de sécurité et de propriété.

Deuxièmement, en communiquant clairement des objectifs réalisables et en mettant l'accent sur l'importance de la sécurité et de l'efficacité, vous donnez à votre équipe une direction claire pour ses efforts. Enfin, en instillant un sens des responsabilités et de la responsabilité au sein des membres de votre équipe, vous les motivez à atteindre les objectifs fixés. En combinant le soutien, une direction claire et la responsabilité, vous créez un environnement de travail où votre équipe se sent valorisée et encouragée à réussir.

Si vous aimez ce que vous lisez jusqu'à présent, j'ai un autre livre :
DE SUPERVISUER À GESTIONNAIRE

TRANSITION FLUIDE DE SUPERVISEUR À GESTIONNAIRE AVEC CONFIANCE
UN GUIDE COMPLET POUR DÉVELOPPER DES COMPÉTENCES ESSENTIELLES EN LEADERSHIP

Ce guide perspicace explore les étapes et les stratégies essentielles pour élever vos compétences en leadership et progresser dans les échelons. Embrassez le chemin de la croissance et de la transformation, et découvrez comment diriger avec confiance, intégrité et efficacité à chaque étape de votre carrière.

CHAPITRE 2

COMMENT ENTRETENIR UNE BONNE RELATION AVEC VOTRE PATRON

En travaillant fidèlement huit heures par jour, vous pourriez finalement devenir "Patron" et travailler douze heures par jour.

Robert Frost

L'échelle De L'entreprise

La relation superviseur-gestionnaire n'est pas quelque chose que vous choisissez; c'est une réalité du lieu de travail. Les personnalités peuvent s'affronter et les perspectives peuvent différer, mais rappelez-vous, votre patron occupe un rôle de leadership supérieur. La clé pour naviguer dans ces dynamiques réside dans la concentration sur l'objectif plus large. Tant le superviseur que le chef d'équipe (superintendant ou gestionnaire) partagent un objectif commun : le succès de l'entreprise ou de l'équipe.

Une communication efficace, claire et respectueuse, est essentielle pour combler les écarts de perspective et travailler de manière collaborative. N'oubliez jamais, votre patron est votre patron.

La relation avec votre patron

Votre relation avec votre patron est professionnelle, non personnelle. Bien que les personnalités puissent différer et que vous ne voyiez pas toujours les choses du même œil, aimer ou ne pas aimer votre patron est sans importance. Les sentiments personnels ne devraient pas dicter le comportement au travail. La clé du succès réside dans le respect mutuel et une concentration commune sur les objectifs de l'équipe. Tout comme vous attendez du professionnalisme de vos propres employés, votre supérieur mérite la même chose.

J'ai une fois demandé à un gestionnaire à propos de son directeur, "Aimez-vous votre patron?" Il a répondu, "Je n'ai pas besoin de l'aimer; je travaille pour lui. Oui, il est dur, mais je serais pareil si j'étais à sa place." J'ai apprécié cette réponse parce que c'était une réponse logique de la part de quelqu'un qui avait choisi de ne pas mélanger les problèmes professionnels et personnels. Ce gestionnaire a également démontré qu'il n'avait pas besoin d'approbation émotionnelle, positive ou négative, pour continuer sa journée. Et vraiment, pourquoi devriez-vous en avoir besoin? Après tout, votre patron n'est pas votre ami; cette relation est strictement professionnelle. Votre patron pour vous est comme vous pour vos employés. Cette perspective aide à maintenir une frontière claire et à se concentrer sur le travail à accomplir, en s'assurant que les responsabilités professionnelles sont prioritaires par rapport aux sentiments personnels.

Encore une fois, dans les meilleures relations superviseur-superintendant (chef d'équipe), les sentiments personnels passent au second plan par rapport au respect mutuel et à une concentration commune sur l'atteinte des résultats.

Votre patron compte sur vos contributions pour réussir, ce qui se reflète finalement bien sur eux auprès de leurs supérieurs. Vous êtes essentiellement une équipe travaillant vers un objectif commun. Bien que des revers occasionnels puissent se produire, ce qui importe vraiment pour la direction générale, c'est de trouver des solutions et de livrer des résultats solides.

Dans des circonstances normales, vous devriez vous voir comme "la somme de vos employés" pour votre patron. En tant que superviseur, vous dépendez de 25 personnes pour avoir l'air bien devant votre patron, tandis qu'un gestionnaire dépend d'une ou deux personnes pour atteindre le même objectif. Votre gestionnaire veut une bonne relation avec vous. Alors, ne vous sentez pas aliéné par eux, car même si cela en donne l'impression, les gestionnaires n'ont généralement rien à gagner en rendant votre vie misérable, sauf dans de rares exceptions.

Rappelez-vous, plus de responsabilité leur est attribuée si les choses tournent mal de votre côté. Cette compréhension peut vous aider à naviguer dans votre relation avec votre gestionnaire, en reconnaissant que vous travaillez tous les deux vers le même objectif et que leur soutien peut être bénéfique à la fois pour votre succès et le leur. Et pour résoudre tout problème, une communication ouverte et honnête est essentielle pour résoudre les conflits et établir la confiance. Exprimez vos points de vue respectueusement et écoutez activement la perspective de votre patron.

Apprendre en prenant des notes

En règle générale, lorsque vous êtes dans un nouveau poste, ils vous apprendront ce que vous devez faire. La direction peut vous offrir quelques semaines de formation et quelques jours pour suivre quelqu'un et apprendre sur le tas.

Pendant ce temps, prenez des notes et écrivez tout. Ne supposez pas que vous vous souviendrez de tout; vous ne le pourrez pas—alors, s'il vous plaît, prenez des notes !

Jusqu'à ce qu'ils vous donnent le feu vert pour que vous soyez prêt à travailler seul, continuez à prendre des notes et à les organiser. Vous les utiliserez sans aucun doute plus tard. Cette approche diligente garantit que vous avez une base solide de connaissances et de matériel de référence, rendant votre transition plus fluide et vos performances plus fiables.

Lorsque j'ai commencé dans mon nouveau poste de superviseur, je transférais et filtrais mes notes chaque jour après le travail, les organisant dans un dossier dédié. En faisant cela après le travail, je ne travaillais pas pour "eux" gratuitement; je travaillais pour moi-même, renforçant les connaissances que j'utiliserais pendant des années. Un homme sage a dit un jour : "Les gens sages apprennent quand ils le peuvent, les imbéciles apprennent quand ils le doivent." Alors, apprenez votre travail tant que vous le pouvez, faites-le pour vous-même. Vous travaillerez mieux, vous paraîtrez mieux, et finalement vous vous sentirez mieux. Vous avez étudié gratuitement à la maison quand vous alliez à l'école pour vous améliorer, vous préparant pour un jour comme aujourd'hui—un jour où vous avez un bon emploi et un bon salaire que vous voulez maintenir.

Investir quelques heures au début d'une nouvelle carrière pour apprendre votre travail est plus gratifiant financièrement et personnellement que vous ne le pensez. De plus, prendre des notes publiquement sur le lieu de travail peut laisser une impression positive sur votre patron et la direction. Cela démontre votre volonté d'apprendre, votre engagement actif lors des réunions et des séances de formation, et vous aide à retenir l'information plus efficacement. Cela peut également bénéficier à vos collègues, car des notes claires et complètes peuvent éliminer le besoin d'explications répétitives.

Imaginez si vous deviez répéter la même chose à un employé. Ne vous sentiriez-vous pas un peu grincheux ? Exactement, vous ne voulez pas que votre patron se sente ainsi à votre égard ! Même après plusieurs années d'expérience, je prenais encore des notes de temps en temps. Ces notes couvraient de longues séquences à retenir et des instructions détaillées étape par étape pour des opérations spécifiques que je pourrais autrement oublier. Cette habitude m'a non seulement aidé à rester alerte, mais aussi à garantir que j'étais toujours préparé et fiable, renforçant ma compétence professionnelle et ma valeur.

Cependant, il est important de trouver un équilibre. Bien que prendre des notes montre que vous êtes engagé, assurez-vous que cela ne vous distrait pas de l'écoute active et de la participation aux discussions. Ne vous fiez pas uniquement à vos notes pour comprendre; si quelque chose n'est pas clair, posez des questions pour avoir une compréhension plus approfondie du sujet. Enfin, maintenez un style de prise de notes propre et professionnel qui reflète bien sur vous.

Lorsque votre patron vous donne une directive ou une procédure à suivre, prenez l'habitude d'écrire les détails. Cette pratique sert deux objectifs importants :

Améliore la mémoire : Cela vous aide à vous souvenir des spécificités de ce qui a été dit.
Crée de la responsabilité : Cela fournit un enregistrement qui peut vous protéger en cas de litiges ou d'erreurs. Par exemple, s'il y a un désaccord—"Je vous ai dit lundi, pas mardi", vous pouvez dire en toute confiance, "Non, vous avez dit mardi. Voici ma note comme preuve."

En notant les instructions, vous réduisez la tension mentale et minimisez le risque d'oublier des détails importants après une journée bien remplie. Cette simple habitude garantit la précision, la clarté et la responsabilité dans vos tâches.

En tenant compte de ces considérations, vous pouvez utiliser la prise de notes comme un outil pour démontrer votre engagement, améliorer votre rétention des connaissances et faire une impression positive sur vos supérieurs.

Rapports quotidiens et hebdomadaires

En tant que superviseur, les rapports ponctuels sont essentiels. Pour respecter les délais de manière cohérente, développez un système pour garder vos fichiers de rapport organisés et facilement accessibles, qu'ils soient numériques ou physiques.

Tout au long de la journée, profitez de tout temps d'arrêt pour mettre à jour vos rapports avec les informations pertinentes. Cette approche incrémentale réduit le stress de dernière minute et garantit que vous ne vous précipitez pas pour respecter les délais. La communication proactive est également essentielle. Si vous prévoyez des retards ou des défis qui pourraient affecter votre capacité à soumettre les rapports à temps, communiquez-les à votre gestionnaire dès que possible.

De plus, lorsque vous remettez ces rapports à la dernière heure ou le dernier jour, je vous garantis qu'ils seront mal organisés et pleins de failles. Ils ressembleront à un travail bâclé de copier-coller, que votre patron pourra détecter à des kilomètres.

J'ai vu quelques superviseurs se retrouver en difficulté à cause de leurs habitudes de dernière minute. Cette tendance les a poussés à falsifier des signatures pour tenter de couvrir leur paresse et leur retard, ce qui a finalement conduit à leur licenciement. Enfin, un rapport mis à jour quotidiennement est automatiquement riche et complet. Il est bien meilleur qu'un travail précipité et nécessite moins d'effort concentré. Parfois, "poco a poco" – petit à petit – est la meilleure approche !

Préparations pour "auto" évaluation.

Votre auto-évaluation annuelle ou semestrielle est une occasion de réfléchir à vos réalisations et d'identifier les domaines à développer. Bien qu'il soit important de mettre en avant vos contributions, il ne s'agit pas de se vanter, mais vous pourriez. Voici comment l'aborder efficacement :

Mettez l'accent sur les réalisations : Montrez vos réussites et l'impact positif que vous avez eu sur l'équipe ou l'organisation. Utilisez des métriques claires et des exemples spécifiques pour quantifier vos contributions.

Démontrez la croissance : Réfléchissez aux nouvelles compétences que vous avez acquises et à la manière dont vous les avez appliquées pour améliorer votre travail.

Identifiez les domaines de développement : Montrez de l'initiative en reconnaissant les domaines où vous pouvez encore développer vos compétences. Cela démontre une conscience de soi et un engagement envers l'apprentissage continu.

Maintenez un ton professionnel : Exprimez vos réalisations et objectifs de manière confiante mais professionnelle.

Il serait utile de préparer vos évaluations annuelles ou semestrielles à l'avance. Un directeur a une fois partagé qu'il garde un fichier PowerPoint ouvert tout au long de l'année, le mettant constamment à jour avec ses réalisations au fur et à mesure qu'elles se produisent. Chaque fois qu'il accomplit quelque chose de remarquable, il ajoute immédiatement des photos, des détails et des descriptions au fichier. Cette approche proactive garantit que le fichier est toujours plein et prêt à l'avance. Il a noté que sans cette méthode, 60 % de ses réalisations auraient été passées inaperçues et oubliées.

Alors, veuillez garder une trace de vos réalisations et les garder à portée de main ; vous ne savez jamais quand vous en aurez besoin pour une évaluation ou pour une promotion inattendue.

La préparation est toujours essentielle.

Au début de la pandémie de coronavirus, mon patron m'a appelé d'urgence chez moi. Il m'a désespérément demandé si j'avais les numéros de téléphone des employés de plus de 65 ans parce que nous devions les contacter immédiatement et leur conseiller de rester chez eux. Bien que je ne sois plus superviseur, je conserve toujours l'habitude d'être préparé.

C'était un dimanche soir, et les appels devaient être faits rapidement pour éviter qu'ils ne viennent travailler le lundi matin et ne mettent leur vie en danger. Mon patron savait que, pour des raisons statistiques, j'avais toutes les informations nécessaires. Je n'avais qu'à me connecter de chez moi pour les récupérer.

> **Pendant que nous parlions au téléphone, il a mentionné : "Au fait, le vice-président de l'entreprise est en ligne avec nous. Il écoute et apprécie que tu prennes l'appel la nuit et que tu nous aides."**

J'ai ressenti un merveilleux sentiment lorsque le VP a reconnu à quel point j'étais fiable, sans parler de la visibilité que cela m'a apportée.

Que vous vous prépariez pour une évaluation ou que vous gériez toute autre tâche liée au travail, il est essentiel de maintenir cette pratique tout au long de votre carrière. Abordez-la toujours lorsque l'information est fraîche dans votre esprit et facilement accessible. Procrastiner jusqu'au dernier jour conduit souvent à de la frustration, entraînant des notes mal capturées et inadéquates.

Apprenez le travail de votre patron et visez les résultats !

Aller au-delà de votre description de poste spécifique est une démarche intelligente, car votre rôle est une pièce d'un puzzle plus grand – dans l'entreprise où vous travaillez. En comprenant l'ensemble de l'opération, vous obtenez une perspective plus large. Cela vous permet de prendre de meilleures décisions dans votre rôle, sachant comment cela contribue au succès de l'entreprise. De plus, en saisissant les priorités de votre patron, par exemple, vous pouvez anticiper ses besoins et offrir des solutions proactives, ce qui vous rend plus précieux. En outre, comprendre l'ensemble de l'entreprise pose les bases de futures promotions, démontrant votre initiative et votre compréhension de la direction de l'entreprise. En fin de compte, comprendre le tableau d'ensemble vous positionne pour le succès, non seulement maintenant, mais aussi dans votre future carrière au sein de l'entreprise.

Pour résumer les avantages d'Apprendre le Travail de Votre Patron:

Anticipez les besoins et les défis : En comprenant les responsabilités de votre patron, vous pouvez identifier proactivement les problèmes potentiels et offrir des solutions, démontrant ainsi votre initiative et vos compétences en résolution de problèmes.

Améliorez la communication : Une compréhension plus approfondie de leur rôle favorise une meilleure communication, car vous pouvez adapter vos messages à leur perspective et à leurs priorités.

Améliorez la prise de décision : Vous pouvez prendre des décisions plus éclairées qui s'alignent sur les objectifs globaux de l'équipe.

Augmentez votre valeur : Vos compétences élargies font de vous un atout plus précieux pour l'entreprise, vous positionnant pour d'éventuelles promotions ou avancées de carrière.

Construisez la confiance : Montrer une volonté d'assumer des responsabilités supplémentaires et de soutenir votre patron renforce la confiance et améliore votre relation professionnelle.

N'oubliez pas qu'en comprenant les défis quotidiens de votre patron, vous concentrez naturellement vos efforts sur ce qui est vraiment nécessaire. Cela élimine l'énergie gaspillée sur des tâches non pertinentes. En anticipant leurs besoins et en les abordant de manière proactive, vous devenez un superviseur indispensable – quelqu'un que votre patron admire profondément. Qui sait, cela pourrait même mener à une promotion ! Mais une chose est sûre, vous gagnerez sans aucun doute leur respect.

Ajuster votre focus et viser les résultats.

Même les meilleurs superviseurs peuvent parfois s'écarter de leur trajectoire. Ils se fixent sur une idée ou une démarche qui pourrait ne pas s'aligner avec la vision d'ensemble. Ce focus mal placé passe souvent inaperçu et n'est pas récompensé, menant à de la frustration et à un sentiment d'efforts non reconnus. Ils peuvent commencer à remettre en question leur dévouement ou le système de reconnaissance de l'entreprise, se demandant : "Pourquoi est-ce que je travaille autant si cela n'est pas reconnu ou ne me mène nulle part?"

Trouver un équilibre est essentiel. Bien que vous soyez encouragé à être créatif et à trouver des solutions innovantes (pensez en dehors des sentiers battus !), rappelez-vous que votre entreprise a mis en place des procédures pour une raison. Votre patron veut avant tout voir des résultats obtenus de manière efficace. Cela signifie concentrer votre énergie sur des activités à fort impact, comme coacher votre personnel pour améliorer la productivité et la sécurité, plutôt que de vous enliser dans des tâches chronophages qui offrent peu de valeur. De même, il est prioritaire de s'attaquer aux domaines en difficulté pour assurer le succès global de l'entreprise, plutôt que de se concentrer uniquement sur les secteurs déjà rentables.

Votre patron se réjouit de voir des résultats positifs, tout comme n'importe qui présentant son travail à un supérieur. Produire de bons résultats gagne leur respect et montre que vous êtes aligné avec les objectifs de l'entreprise. "Viser les résultats" peut sembler complexe, mais au fond, il s'agit de dépasser les attentes et de contribuer au succès de l'entreprise.

Les avantages de viser les résultats :

Avancement de carrière : Produire de bons résultats est souvent reconnu et récompensé par des promotions, des augmentations ou des responsabilités accrues.

Satisfaction professionnelle accrue : Atteindre des objectifs et contribuer au succès de l'équipe peut être très gratifiant et épanouissant.

Réputation améliorée : Une réputation de producteur de résultats peut ouvrir des portes à de nouvelles opportunités au sein de l'entreprise ou dans d'autres organisations.
Compétences en résolution de problèmes améliorées : Se concentrer sur les résultats vous encourage à trouver des solutions créatives et à surmonter les défis.

Compétences en leadership renforcées : Prendre en charge votre travail et viser les résultats développe des qualités de leadership qui peuvent être appliquées dans d'autres domaines de votre carrière.

Oui, je peux !

Une attitude positive et volontaire est un atout majeur pour votre relation avec votre patron. Elle favorise la confiance et l'ouverture, les encourageant à partager leurs préoccupations, leurs idées, et même à vous inclure dans leurs plans. Cette approche proactive vous positionne comme un atout précieux, augmentant vos chances de promotion, surtout si vous démontrez constamment une volonté de relever les défis et de proposer des solutions. Maintenir une mentalité ouverte a une influence positive sur vos collègues. Ils se tourneront naturellement vers vous en tant que modèle. Cette approche proactive sera grandement appréciée par votre patron, qui reconnaît l'impact positif que vous avez sur l'équipe. En tant que leader qui inspire les autres, vous deviendrez un candidat naturel pour de futurs postes de leadership.

Situations complexes et urgences

Chaque travail a ses routines – des procédures quotidiennes, des plans et des listes de tâches qui guident votre journée de A à Z. Ces routines, affinées au fil du temps, sont la base d'une performance constante. Cependant, même la routine la mieux rodée peut être perturbée par des défis imprévus – urgences ou situations complexes. Ces perturbations peuvent bouleverser votre plan quotidien et mettre en péril vos objectifs. Ces situations sont de véritables tests de caractère. C'est à ces moments que votre capacité à réfléchir rapidement, à vous adapter et à rester calme est cruciale.

La clé est de prendre le contrôle, de ne pas laisser le problème vous contrôler. Que faites-vous ? L'ignorez-vous en espérant que ce soit la fin de votre quart de travail ? Bien que chaque situation exige une approche unique, le facteur le plus important est vous, le leader. Vous devez rester calme tout en maintenant un sens de l'urgence.

Ne cédez pas à la panique, mais au contraire, offrez des directives claires et précises à votre équipe pendant que vous naviguez dans le défi. N'informez votre patron que dans les situations extrêmes et évitez de vous tourner vers lui pour chaque incident mineur.

Adaptez-vous au changement !

Depuis le milieu des années 1990, la technologie a progressé à un rythme sans précédent, affectant tout, des logiciels aux machines industrielles. Les entreprises s'adaptent constamment en recrutant de nouveaux talents maîtrisant les dernières avancées. Pour rester pertinent, l'apprentissage continu est crucial. Soyez ouvert aux nouvelles méthodes et acceptez la nécessité de se débarrasser des anciennes habitudes et procédures. N'oubliez pas que la capacité à s'adapter est essentielle pour rester précieux dans ce paysage technologique en constante évolution.

Garder l'esprit ouvert est essentiel. Ne considérez pas sortir de votre zone de confort comme un fardeau stressant. Ce n'est pas un choix, mais plutôt une partie nécessaire pour rester pertinent. Des années d'expérience ne devraient pas vous conduire à la complaisance. Saisissez l'opportunité d'apprendre de nouvelles compétences – c'est comme retourner à l'école et maîtriser les bases de quelque chose de totalement nouveau !

N'oubliez pas, le changement peut être stressant, mais il offre aussi des opportunités de croissance et d'amélioration. Bien que les méthodes établies nous aient bien servis, l'industrie évolue constamment. L'approche innovante d'un jeune ingénieur a attiré l'attention de la direction, et il est important d'être ouvert aux possibilités qu'elle présente. S'adapter aux nouvelles idées et aux nouveaux processus est un aspect clé de la croissance professionnelle.

Il est très probable que le jeune ingénieur apporte des perspectives précieuses, et accepter ce changement peut profiter à l'ensemble de l'équipe. En tant que superviseur, votre capacité à vous adapter est cruciale pour le succès de votre équipe.

Voici quelques stratégies clés :
- **Soyez ouvert aux nouvelles idées** : Encouragez l'innovation et les perspectives différentes.
- **Apprentissage continu** : Restez à jour sur les tendances de l'industrie et les meilleures pratiques.
- **Résilience** : Développez la capacité à rebondir après des revers.
- **Formation à la gestion du changement** : Équipez votre équipe des outils nécessaires pour s'adapter.
- **Flexibilité** : Encouragez l'adaptabilité dans les processus de travail et les routines.
- **Renforcement positif** : Reconnaissez et récompensez l'adaptabilité.

En adoptant ces stratégies, vous pouvez naviguer efficacement dans le changement et instaurer un environnement positif pour votre équipe.

Acceptez les critiques de votre patron.

Votre patron est une ressource précieuse pour des rétroactions qui peuvent vous aider à exceller. Ils ont une perspective unique sur vos forces et vos faiblesses dans votre rôle. Accueillez la critique constructive, et n'hésitez pas à la demander. Écoutez activement leurs rétroactions, même s'ils sont directs. Rappelez-vous, cela vise à améliorer votre performance au travail, et non une attaque personnelle. Envisagez de demander des rétroactions en amont de votre évaluation et lisez entre les lignes lorsqu'il vous parle. Posez des questions telles que : "Sur quels domaines puis-je me concentrer pour améliorer ma performance ?"

En abordant ces points de manière proactive, vous pouvez démontrer votre engagement envers la croissance et potentiellement éviter toute conséquence négative lors de votre évaluation officielle.

Voici comment gérer cela avec élégance :

Considérez les critiques comme une opportunité : C'est une chance d'améliorer votre performance.
Restez calme : Évitez les réactions défensives ou émotionnelles.
Donnez toute votre attention : Maintenez un contact visuel et évitez les interruptions.
Clarifiez les malentendus : Posez des questions pour vous assurer de bien comprendre les rétroactions.
Évitez la défensive : Écoutez sans interrompre ni justifier vos actions.

N'oubliez pas, il est acceptable de ne pas être d'accord avec les rétroactions, mais faites-le avec respect. Concentrez-vous sur la compréhension de la perspective de votre patron et la recherche d'un terrain d'entente.

CHAPITRE 3

COMMENT ENTRETENIR UNE BONNE RELATION AVEC LES AUTRES SUPERVISEURS

Il y a deux types de personnes : ceux qui effectuent le travail et ceux qui en prennent le crédit. Essayez d'être dans le premier groupe; il y a moins de concurrence là-bas...

Indira Gandhi

TRAVAIL D'ÉQUIPE

Dans la plupart des entreprises, vous travaillerez quotidiennement avec une équipe de superviseurs, chacun exerçant des responsabilités, des tâches et des formalités administratives similaires. Du point de vue des employés, les superviseurs représentent une entité unifiée. Les employés ont souvent l'impression que si les superviseurs sont fréquemment vus ensemble – mangeant, parlant, et socialisant en tant que groupe distinct – ils doivent conspirer contre eux.

Un employé a exprimé ce sentiment en disant : "J'ai l'impression que chaque superviseur me surveille." Il a ajouté: "Vous, les superviseurs, comme une mafia ; vous réseauter et partager des informations."

En raison de ce sentiment courant, la simple silhouette d'un superviseur qui passe pousse la plupart des employés de bureau à ajuster leur posture et leur rythme pour paraître occupés, quel que soit le superviseur.

C'est comme voir une voiture de police. Qu'est-ce qui vous vient immédiatement à l'esprit ? Vous ne vous concentrez probablement pas sur le policier à l'intérieur de la voiture en tant qu'individu ; à la place, vous pensez à ce que l'agent représente. Vous ne vous souciez pas de ce qu'il a mangé au dîner la nuit dernière ! C'est l'uniforme et sa signification. Vous savez que si vous grillez un feu rouge, peu importe qui est dans la voiture de patrouille – ils vous arrêteront. Encore une fois, du point de vue de l'employé, il n'y a pas de différence significative entre les superviseurs. Ils agissent et fonctionnent comme une unité, donc les mêmes conséquences et récompenses sont attendues, quel que soit le superviseur. Alors, ne les laissez pas tomber.

Voici la réalité avec les superviseurs : ils sont tous uniques, vous savez ? Même s'ils font partie de la même équipe et suivent les mêmes directives, chacun apporte des compétences, des personnalités et des approches différentes au travail et à la vie. C'est comme partout ailleurs – ce sont tous des individus, et c'est définitivement une bonne chose.

Parlons de travail d'équipe : Bien que les superviseurs doivent fonctionner comme une unité, il est plus courant qu'ils travaillent de manière indépendante ou avec une seule autre personne. Vous rencontrerez divers types de superviseurs (êtres humains) quotidiennement, et vous devez être prêt pour cette diversité. Alors, comment pouvez-vous, en tant que nouveau superviseur, identifier et interagir avec chacun des autres superviseurs ? La bonne nouvelle est que la plupart des superviseurs sont de bons superviseurs, axés sur le travail et sur le fait de gagner leur vie.

Cependant, toute règle a ses exceptions. Voici quelques exemples de différents superviseurs et comment vous pourriez les gérer :

Le Super-superviseur

Écoutez, tout le monde vient avec son propre bagage : son parcours, son éducation, sa façon de faire les choses, et ses expériences de vie. L'une des personnalités que vous rencontrerez probablement est un superviseur qui est super motivé et déterminé.

Cette personne arrive tôt, est prête, concentrée comme un laser, se souvient de tout ce qui est lié au travail, et peut travailler toute la nuit si nécessaire. Votre première réaction pourrait être de vous sentir menacé, mais ne le soyez pas ! C'est une bonne chose. Au lieu de cela, faites équipe avec eux.

Laissez-les prendre la tête sur certaines choses, profitez de leur énergie, et devenez même amis. Proposez de partager les tâches, apprenez de leurs forces, et ne cherchez pas à les concurrencer. Pensez "travailler ensemble" et non "se heurter". Vous pouvez vous occuper des autres tâches dans lesquelles vous êtes bon, et ensemble, vous serez une équipe de choc.

Ce super-superviseur est tout simplement naturellement meilleur que la plupart. Ne pensez même pas à vous comparer – c'est une perte d'énergie. Ils pourraient intimider d'autres superviseurs, mais pas vous. Soyez simplement vous-même et travaillez à leurs côtés.

Le superviseur inutile

Ensuite, il y a le superviseur du type "perpétuel tant pis". Vous voyez le genre : toujours en retard, non préparé, et ignorant de ce qui se passe. Leurs phrases de prédilection sont :

- "Ah bon, personne ne m'a dit."
- "Ah oui, j'ai raté cette réunion."
- "Je ne peux pas t'aider mardi prochain – je pourrais prendre un jour de santé mentale."
- "Problèmes de voiture, tu sais comment c'est."

D'une manière ou d'une autre, cette personne s'en sort, apparemment intouchable malgré les plaintes constantes. Voici le truc : bien qu'il soit tentant d'être agacé par eux, la meilleure stratégie est de se concentrer sur votre propre travail. Essayez d'anticiper ce que ce superviseur pourrait manquer et informez discrètement votre patron. Ne devenez pas leur assistant personnel – c'est la recette du burn-out. Si votre patron vous demande de les aider, soyez franc. Dites quelque chose comme : "Bien sûr, je peux aider, mais j'aurai besoin de plus de temps pour gérer ma propre charge de travail de manière équitable." Ne laissez pas cela devenir une attente – cela créerait un mauvais précédent pour tout le monde.

Le superviseur non convaincu

Un superviseur très difficile à gérer est celui qui est en mission constante pour se prouver. Ce superviseur est un vrai fonceur, mais peut-être un peu insécure. Il peut paraître colérique et avoir besoin d'une assurance constante de la part du patron. Ces personnes aiment se vanter de leurs succès et pourraient même jeter leurs collègues sous le bus pour bien paraître. C'est en gros un mélange de délateur et de quêteur de crédit. La clé pour gérer ce type est de garder votre calme.

Ne vous plaignez pas à eux de vos difficultés au travail ou de vos mauvaises journées. Ils s'en serviront contre vous plus tard. Et parce qu'ils ont constamment besoin de prouver leur valeur, la négativité et les commérages alimentent leur feu. Voici la chose surprenante : **malgré leurs défauts, ils sont généralement de bons travailleurs.**

Un compliment sincère peut vraiment améliorer leur humeur, un simple "bon travail" peut faire des merveilles. Montrez de l'appréciation pour leur travail de temps en temps, et vous pourrez généralement compter sur eux pour collaborer.

Le superviseur arrogant

Et puis, il y a le superviseur classique, arrogant et égoïste. Nous les avons tous rencontrés. Ce type peut être irrespectueux et plein de vantardises. Le meilleur conseil ? Bien que vous deviez les éviter autant que possible, ne refusez pas de travailler avec eux si on vous le demande – c'est votre travail, après tout. Il ne sert à rien d'essayer de les gagner – ils ne pensent qu'à eux-mêmes. Concentrez-vous simplement sur votre travail et ne comptez pas sur eux pour obtenir de l'aide. Ces superviseurs peuvent être autoritaires et contrôlants. Ne jouez pas à leurs jeux. Restez véritablement occupé et évitez de vous ouvrir à eux simplement pour passer le temps. Maintenez le professionnalisme et gardez les interactions strictement professionnelles.

La GRANDE question

En tant que superviseur, comment devriez-vous interagir avec tous les différents types de superviseurs, qu'ils soient bons ou mauvais ? Y a-t-il une "seule façon" de gérer tous les superviseurs ? La réponse est : oui.

Au départ, prenez quelques semaines pour observer leurs personnalités et styles de travail. Vous constaterez que la plupart sont comme vous – des gens ordinaires qui veulent bien faire leur travail et aider les autres. Bien sûr, il y aura quelques personnages uniques que vous rencontrerez. Une fois que vous les avez identifiés, restez fidèle à vous-même. Vous avez été embauché pour une raison, il n'est donc pas nécessaire de jouer un rôle. Ensuite, concentrez-vous sur la construction de relations.

La collaboration est essentielle ! Apprenez à connaître vos collègues et trouvez des moyens de travailler ensemble efficacement. Gardez l'esprit ouvert. Les gens peuvent vous surprendre. Donnez à chacun une chance avant de vous faire une opinion.

Soyez assertif, pas agressif. Communiquez clairement vos besoins et opinions sans être impoli. Le travail d'équipe fait avancer les choses ! Lorsque vous êtes jumelé avec quelqu'un, répartissez les tâches équitablement pour assurer un flux de travail fluide.

N'oubliez pas, vous faites tous partie de la même équipe. En comprenant vos collègues superviseurs et en établissant des relations de travail positives, vous vous préparez au succès !

Quelques conseils :
Maintenez le professionnalisme : Soyez toujours professionnel, quel que soit le type de superviseur avec lequel vous avez affaire. Votre comportement établit une norme.

Restez concentré sur vos tâches : Priorisez vos responsabilités et assurez-vous que votre travail est toujours à la hauteur. Cela vous aide à éviter de vous laisser entraîner dans les drames ou les problèmes des autres.

Soyez adaptable : La flexibilité dans votre approche vous permet de gérer efficacement différentes personnalités et situations.

Communiquez clairement et respectueusement : Une communication claire et respectueuse aide à minimiser les malentendus et démontre votre professionnalisme.

Fixez des limites : Connaissez vos limites et établissez des limites saines. Ne prenez pas plus que ce que vous pouvez gérer, surtout si cela signifie couvrir pour un superviseur négligent.

Recherchez des rétroactions constructifs : Engagez-vous avec les superviseurs qui fournissent des rétroactions précieux et utilisez leurs commentaires pour améliorer vos performances.

Évitez les commérages et la négativité : Éloignez-vous des commérages au travail et maintenez une attitude positive. Concentrez-vous sur les solutions plutôt que sur les problèmes.

En suivant ces principes, vous pouvez naviguer efficacement dans les interactions avec tous les types de superviseurs, assurant un environnement de travail productif et positif.

Gérer le doute de soi

Rappelez-vous, ils vous ont choisi pour une raison ! Ils ont vu votre potentiel et investi dans votre formation parce qu'ils croient en vous. Alors, prenez une grande respiration et faites confiance à vos capacités. Bien sûr, il y aura des jours difficiles, mais cela ne signifie pas que chaque obstacle est une question de sécurité d'emploi. Gérer le doute de soi en tant que superviseur peut être difficile, mais avec les bonnes stratégies, vous pouvez le surmonter et diriger avec confiance.

Ce travail vous mettra au défi, et il y aura des nuits où vous pourriez remettre les choses en question. C'est normal. Mais la bonne nouvelle ? Avec le temps, vous vous adapterez. La pression ne semblera pas si intense, et vous commencerez à trouver votre rythme. Vous serez au top de ce rôle en un rien de temps !

Le doute de soi est une expérience courante, voici quelques conseils :
Reconnaître vos réalisations : Réfléchissez à vos succès passés et aux compétences que vous avez développées.

Défiez les pensées négatives : Remplacez les pensées autocritiques par des affirmations positives.

Cherchez des rétroactions : Les rétroactions positifs peuvent renforcer la confiance en soi.

Construisez un solide réseau de soutien : Connectez-vous avec des collègues, des mentors ou un coach.

Concentrez-vous sur le succès de votre équipe : Changer de focus pour les réussites de votre équipe peut renforcer votre confiance.

Apprentissage continu : Montrez votre engagement envers la croissance et le développement.

Prendre soin de soi : Priorisez les activités de soins personnels qui vous aident à vous détendre et à recharger vos batteries. Un mode de vie équilibré peut améliorer votre bien-être général et votre résilience.

Rappelez-vous : Le doute de soi fait naturellement partie du parcours de leadership. En le comprenant et en y faisant face, vous pouvez devenir un superviseur plus confiant et plus efficace, et l'affronter de front vous rendra plus fort et plus performant.

Restez indulgent envers vous-même !

Attention : les nouveaux superviseurs sous-estiment parfois la pression. C'est un travail exigeant, et il est normal de se sentir parfois dépassé. Mais tenez bon ! Beaucoup de nouveaux superviseurs qui démissionnent tôt finissent par le regretter. Ils laissent le stress brouiller leur jugement et partent avant d'avoir eu l'occasion de développer leurs compétences. La vérité est que la plupart des patrons n'attendent pas de vous tomber dessus. Accordez-vous du temps pour apprendre les ficelles du métier. Même si les choses ne se passent pas parfaitement dans ce travail particulier, prenez-le comme une expérience d'apprentissage.

Si vous êtes licencié, ne craignez pas de demander des rétroactions. Utilisez cette opportunité pour grandir et vous améliorer pour votre prochain rôle de leadership.

Voici quelques conseils pour rester calme sous pression en tant que nouveau superviseur :
Pensez clairement, pas rapidement : Prenez une respiration et analysez la situation avant de réagir.

Concentrez-vous sur le travail, pas sur votre ego : Il s'agit du succès de l'équipe, pas de vous prouver.

Faites confiance à votre formation : Ils vous ont embauché parce qu'ils croient en vos capacités.

Restez positif et confiant : Rappelez-vous que vous êtes excellent, et vous pouvez prendre les bonnes décisions.

Croyez en vous : Vous avez ce qu'il faut !

Ne vous inquiétez pas des petits détails : La plupart des superviseurs font face à des défis similaires ; ils les gèrent simplement de manière calme et différente.

La répétition est votre amie : Plus vous faites quelque chose, plus cela devient facile.

Reconnaissez votre humanité : Comprenez que tout le monde fait des erreurs et rencontre des revers. Vous n'êtes pas seul à faire face à des défis.

Rappelez-vous, chacun gère les défis différemment. Certains superviseurs peuvent sembler tout maîtriser, mais ce n'est pas toujours vrai. Concentrez-vous sur votre propre croissance et développement, et vous deviendrez un superviseur extraordinaire en un rien de temps !

Montrez de l'adaptabilité !

La beauté du travail d'équipe, c'est que chacun a ses forces ! Si vous êtes un as des rapports, proposez de vous en charger, tandis que votre partenaire pourrait être un expert en communication qui sait mieux connecter avec le personnel. Misez sur les forces de chacun !

Bien sûr, vous ne travaillerez pas toujours avec des partenaires parfaits. Certains superviseurs pourraient être plus détendus, ce qui peut être un changement de rythme agréable.

Cela peut améliorer votre moral et vous faire sentir valorisé d'avoir une certaine autonomie. Mais n'oubliez pas, avec plus de liberté vient aussi plus de responsabilité – vous pourriez finir par faire un effort mental supplémentaire pour vous assurer que tout soit fait.

En tant que nouveau superviseur, la pensée critique est votre superpouvoir ! Avant de vous lancer dans une nouvelle tâche ou de travailler avec un nouveau partenaire, prenez un moment pour évaluer la situation. Ne vous attendez pas à une solution universelle – soyez créatif et trouvez des approches adaptées à la situation spécifique. Rappelez-vous, au travail, il est normal de prendre une pause avant de réagir. Bien que vous puissiez être spontané avec vos amis et votre famille, prenez le temps de réfléchir au travail. Cela vous aidera à éviter les malentendus et à prendre des décisions bien réfléchies.

Une autre clé du succès ? Soyez un résolveur de problèmes, pas un râleur. Si vous avez un désaccord avec un autre superviseur, essayez d'abord de régler cela directement avec lui. N'impliquez votre patron que si le problème est réellement lié au travail et ne peut être résolu entre vous. Ils apprécieront que vous preniez l'initiative de gérer les conflits mineurs vous-même.

Voir les défis comme des opportunités d'apprendre et de grandir plutôt que comme des menaces pour vos compétences est un changement de mentalité puissant qui peut grandement améliorer votre efficacité en tant que superviseur. Reconnaissez que les compétences et les capacités peuvent se développer au fil du temps grâce à l'effort et à la persévérance. Cette croyance vous encourage à affronter les défis de front. Enfin, considérez différentes perspectives et solutions. Être ouvert à diverses approches renforce vos capacités de résolution de problèmes.

Partagez vos expériences personnelles et vos forces.

Partager vos connaissances profite à vous et à ceux qui vous entourent. Tout le monde possède un talent unique – ne le gardez pas caché. Si votre talent est précieux dans votre domaine, le partager peut-être un service immense pour tous ceux qui sont impliqués. Qu'il s'agisse d'un conseil technique ou d'une astuce mathématique astucieuse, vous pouvez presque toujours offrir quelque chose qui facilitera le travail d'un nouveau ou ancien superviseur. Vos relations avec vos pairs se transformeront également lorsque vous prendrez l'initiative de partager généreusement de nouvelles idées ou des secrets de métier.

"La plus vous donnez, la plus vous recevez." Ce principe intemporel s'applique autant aux connaissances qu'à la gentillesse. En offrant votre expertise, vous améliorez non seulement la performance de votre équipe, mais vous renforcez également votre propre position. Imaginez l'effet d'entraînement de votre générosité – des processus améliorés, une efficacité accrue et un environnement de travail plus collaboratif. Avez-vous déjà pensé à combien vous pouvez apprendre en enseignant ? Lorsque vous partagez ce que vous savez, vous renforcez votre propre compréhension et découvrez souvent de nouvelles perspectives.

C'est une situation gagnant-gagnant. Alors, la prochaine fois que vous avez une connaissance précieuse, n'hésitez pas à la partager. Vous serez étonné de l'impact positif que cela peut avoir.

Les récompenses de la générosité se manifestent de plusieurs façons :

<u>Beaucoup vous apprendront quelque chose en retour</u>. Lorsque vous partagez vos connaissances, les autres sont plus enclins à partager les leurs, créant ainsi une culture de croissance et d'apprentissage mutuel.

<u>La plupart seront plus amicaux simplement pour votre geste</u>. Un simple acte de générosité peut favoriser la bonne volonté et renforcer vos relations avec vos collègues.

<u>Quelques-uns seront impatients de vous rendre la pareille avec des compensations liées ou non au travail</u>. Votre gentillesse peut inspirer les autres à offrir de l'aide et du soutien, tant professionnellement que personnellement.

<u>Votre patron le remarquera</u>. Faire preuve d'un esprit généreux attirera probablement l'attention de votre superviseur, mettant en valeur vos compétences en leadership et en travail d'équipe.

"La générosité n'est pas seulement donner ; c'est faire une différence." Lorsque vous choisissez de partager ce que vous savez, vous créez un environnement où tout le monde prospère. Cette énergie positive peut conduire à des opportunités inattendues et à des connexions plus profondes.

Alors, embrassez le pouvoir de la générosité et regardez comment cela transforme votre vie professionnelle et personnelle.

Attention au superviseur qui vous forme.

Parfois, cette personne peut faire de vous un esclave pour les générations à venir. Mais pas toujours, seulement si vous laissez cela arriver. Il est crucial de reconnaître la dynamique de votre relation avec ceux qui vous forment ou vous supervisent. Bien que l'apprentissage auprès de personnes expérimentées soit inestimable, il est important de s'assurer que cette relation reste équilibrée et respectueuse. Fixez des limites claires et affirmez votre valeur pour éviter d'être exploité.

"Autonomisez-vous en fixant des limites." En maintenant une relation saine avec vos superviseurs, vous pouvez vous assurer que votre croissance et vos contributions sont reconnues et valorisées.

Rappelez-vous, votre générosité et votre volonté d'apprendre ne devraient jamais mener à l'exploitation. Vous avez le pouvoir de façonner votre parcours professionnel et de protéger vos intérêts.

Dernier mot

La plupart des superviseurs sont comme vous – ils veulent être bons dans leur travail et gagner le respect. Finalement, ils se conformeront, tant sur le plan professionnel que personnel, aux normes de l'entreprise, en se comportant de manière similaire et en se soutenant mutuellement. Dans cet environnement, vous gagnerez leur respect et établirez votre réputation. "Le respect se gagne grâce à la compréhension mutuelle et aux objectifs partagés."

En reconnaissant que vos superviseurs s'efforcent également d'exceller, vous pouvez construire une relation collaborative et de soutien. En vous alignant sur les valeurs de l'entreprise et en contribuant positivement, vous constaterez que le respect est réciproque et que votre réputation professionnelle se renforcera.

Saisissez l'opportunité d'apprendre et de grandir avec vos pairs. Grâce au respect mutuel et au soutien, vous créez un environnement de travail positif où tout le monde peut prospérer. Cette approche améliore non seulement votre propre carrière, mais contribue également au succès global de votre équipe et de votre organisation.

Si vous aimez ce que vous lisez jusqu'à présent, j'ai un autre livre :

DE SUPERVISUER À GESTIONNAIRE

TRANSITION FLUIDE DE SUPERVISEUR À
GESTIONNAIRE AVEC CONFIANCE
<u>UN GUIDE COMPLET POUR DÉVELOPPER DES
COMPÉTENCES ESSENTIELLES EN LEADERSHIP</u>

Ce guide perspicace explore les étapes et les stratégies essentielles pour élever vos compétences en leadership et progresser dans les échelons. Embrassez le chemin de la croissance et de la transformation, et découvrez comment diriger avec confiance, intégrité et efficacité à chaque étape de votre carrière.

CHAPTER 4

DÀ FAIRE ET À NE PAS FAIRE

Lorsque vous êtes content d'être vous-même et que vous ne cherchez ni à rivaliser ni à vous comparer, tout le monde vous respectera, et vous vivrez sans stress.

Proverbe Chinois

POUR ÉLIMINER LE STRESS ET GAGNER LE RESPECT.

Arriver tôt au travail—

Un bon superviseur est rarement en retard et arrive souvent avant tout le monde. Arriver tôt vous permet d'évaluer la situation avant le début des opérations, évitant ainsi les surprises. Se créer une image mentale des tâches de la journée avant l'arrivée de tous est crucial. Vous n'avez pas besoin d'être là des heures à l'avance – 45 minutes suffisent pour préparer un quart de travail de huit heures. **Pourquoi est-ce essentiel ?** En venant tôt et en vous préparant pour la journée, vous prenez une photo mentale de votre champ de bataille avant de placer stratégiquement vos soldats dans leurs positions désignées. Cela permet de prendre des décisions rapides et de démarrer vos opérations tôt, économisant ainsi de précieuses minutes qui seraient autrement consacrées aux décisions.

Lorsque vous vous préparez tôt, vous éliminez les surprises, minimisant ainsi les risques de tracas qui pourraient augmenter votre niveau de stress et vous faire oublier des tâches essentielles. Cela montre également à votre patron votre dévouement, vous distinguant comme un candidat potentiel pour une promotion. Honnêtement, et gardez cela entre nous : arriver 30 à 45 minutes avant le début de votre quart de travail vous donne quelques heures de détente – en pilotage automatique pendant votre quart.

Soyez préparé

En tant que superviseur, rien ne vaut une bonne préparation. Il semble insensé pour tout superviseur de ne pas reconnaître l'importance d'être bien préparé pour les tâches de la journée. Instaurer une habitude de préparation à l'avance vous garde informé, confiant et calme.

"La préparation est la clé du succès." En prenant le temps de planifier à l'avance, vous vous équipez non seulement pour gérer les défis de la journée, mais vous donnez aussi un exemple positif à votre équipe. Un superviseur bien préparé peut anticiper les problèmes potentiels, rationaliser les opérations et s'assurer que tout le monde est sur la même longueur d'onde. De plus, une bonne préparation améliore votre capacité à prendre des décisions éclairées rapidement, réduit le stress et favorise une approche proactive plutôt que réactive. Elle démontre également votre engagement envers l'excellence, ce qui peut inspirer votre équipe à adopter le même niveau de dévouement. Rappelez-vous, plus vous êtes préparé, plus vous pouvez diriger efficacement.

En planifiant constamment à l'avance, vous créez un environnement où l'efficacité, la productivité et le moral peuvent prospérer, **et voici pourquoi** :

Clarté et direction : La préparation à l'avance fournit une feuille de route claire pour les superviseurs. Lorsque les tâches, les objectifs et les attentes sont bien définis, cela élimine l'ambiguïté et le stress lié à l'incertitude. C'est comme avoir un GPS pour votre parcours de leadership.
Gestion du temps efficace : Avec un plan bien structuré, les superviseurs peuvent allouer leur temps plus efficacement. Prioriser les tâches et fixer des délais aide à éviter les précipitations de dernière minute et la panique des échéances imminentes.
Allocation des ressources : La préparation permet aux superviseurs d'identifier et de rassembler les ressources nécessaires à l'avance. Qu'il s'agisse de personnel, de matériel ou d'informations, avoir tout prêt évite le stress de chercher des ressources à la dernière minute.
Résolution de problèmes proactive : Anticiper les défis potentiels et préparer des solutions à l'avance permet aux superviseurs de gérer les problèmes avec calme et efficacité. Cette approche proactive minimise les perturbations et maintient les niveaux de stress sous contrôle.
Réduction de la fatigue décisionnelle : Prendre des décisions sous pression peut être accablant. La préparation à l'avance réduit le nombre de décisions à prendre sur le moment, permettant des choix plus réfléchis et éclairés.
Confiance accrue : La confiance vient de la compétence. Lorsqu'un superviseur est bien préparé, il se sent plus sûr de ses capacités à diriger et à gérer, ce qui réduit le stress.
Meilleure concentration et attention : Un plan clair aide les superviseurs à rester concentrés sur leurs objectifs. Il minimise les distractions et les maintient sur la bonne voie, ce qui est crucial pour maintenir un comportement calme et posé.
Meilleur équilibre travail-vie personnelle : La préparation permet une meilleure gestion du temps, ce qui peut conduire à un équilibre travail-vie personnelle plus sain. Cet équilibre est essentiel pour réduire le stress et maintenir un bien-être général.

En essence, la préparation à l'avance ne consiste pas seulement à être prêt ; c'est se donner les moyens de réussir. Comme l'a si bien dit Jim Rohn, "Le succès est là où la préparation et l'opportunité se rencontrent." En adoptant la préparation, les superviseurs peuvent transformer le stress potentiel en opportunités de croissance et de réussite.

Ne laissez pas vos rapports et votre travail à la dernière minute.

Lorsque vous laissez les rapports à la dernière minute, vous vous sentirez stressé, ruminant dessus, et préoccupé par les conséquences si vous ne parvenez pas à les terminer à temps. Et lorsque vous vous précipiterez finalement pour les terminer, votre travail sera probablement incomplet et rempli d'erreurs. Cela crée un sentiment désagréable qui peut pousser certaines personnes à détester leur travail.

"La procrastination est l'ennemie de la productivité." En abordant vos tâches à l'avance, vous pouvez travailler plus calmement et plus précisément, assurant une meilleure qualité et réduisant le stress. Développer l'habitude de terminer les tâches en temps voulu améliore non seulement vos performances, mais contribue également à une expérience de travail plus agréable et épanouissante.

Apprentissage

Tout le monde comprend l'importance d'apprendre de nouvelles choses. Mais lorsque le cycle quotidien vous submerge, il semble qu'il n'y ait presque pas assez de temps pour terminer ce que vous avez déjà en main. Malgré cela, essayez de consacrer une heure par jour à l'apprentissage d'un nouveau sujet ou, encore mieux, d'un sujet lié au travail qui peut approfondir vos connaissances dans votre domaine.

L'apprentissage est un excellent moteur pour réussir et une indication claire pour vous-même et pour les autres, y compris votre patron, que vous VOULEZ progresser dans votre carrière et dans la vie. Encore une fois, (j'adore ça) et comme le dit le sage proverbe, "Le sage apprend quand il peut, et le fou apprend quand il doit." En apprenant continuellement et en accumulant des connaissances sur votre domaine, vous pouvez résoudre des problèmes avant même qu'ils n'apparaissent et éliminer le stress de votre vie. De plus, lorsque vous êtes plus avancé techniquement, vos journées deviennent plus agréables, et vous effectuez vos tâches avec une finesse et une rapidité extrême. Si un travail prenait deux heures pour être accompli, vous pouvez maintenant le faire parfaitement en 30 minutes !

De plus, lorsque vous possédez des compétences dans votre industrie, votre patron vous retirera du "champ de bataille" et vous assignera à des projets plus significatifs. En d'autres termes, vous gagnerez rapidement la confiance de votre patron, passant du champ de bataille à un rôle plus calme et productif dans le bureau de planification.

De plus, l'apprentissage permet aux superviseurs de rester informés des derniers développements de l'industrie, des meilleures pratiques et des nouvelles tendances. Et au-delà des avantages professionnels, l'apprentissage continu contribue à l'épanouissement personnel. Il favorise une mentalité de croissance, encourage la curiosité et procure un sentiment d'accomplissement.

Ne promettez pas trop!

Quand vous promettez, vous devez tenir parole. Bien qu'une promesse ne soit pas une obligation légale ou un contrat, elle a un poids et des conséquences significatifs, surtout dans un cadre professionnel. Promettre au travail est plus sérieux que de faire des promesses à des amis, car cela impacte directement votre crédibilité et votre fiabilité.

Au travail, une promesse vous met dans un état mental stressant, car elle reste en "attente" dans votre esprit. Cela peut entraver l'effort de travail des autres, car ils attendent que vous teniez d'abord votre engagement. Vous ne devez promettre que ce que vous pouvez accomplir. Ne faites pas de promesses juste pour alléger une situation "tendue" avec de faux espoirs pour l'avenir. Promettre trop finira par diminuer votre crédibilité et votre respect, privant votre parole de tout poids.

En résumé, éviter de trop promettre est essentiel pour maintenir la confiance, la crédibilité et un environnement de travail positif. Comme l'a dit Jim Rohn, "Le succès n'est ni magique ni mystérieux. Le succès est la conséquence naturelle de l'application constante des fondamentaux de base." En fixant des attentes réalistes et en tenant vos promesses, les superviseurs peuvent créer une base pour un succès durable et une équipe motivée et performante.

Ne soyez pas un maniaque du contrôle.

Un maniaque du contrôle est un micro-gestionnaire qui doit superviser chaque détail, manipuler les autres et exercer une pression pour obtenir les résultats souhaités. Cette approche est très stressante pour le contrôleur comme pour ceux qui sont contrôlés. Les maniaques du contrôle sont par nature méfiants, croyant que seule leur méthode produira les bons résultats. Ils deviennent obsédés par le fait que les gens fassent les choses exactement comme ils l'ont indiqué. Comme ils ne respectent pas les approches différentes, ils mettent souvent en place des systèmes voués à l'échec. Les employés, se sentant dévalorisés, peuvent, consciemment ou inconsciemment, vouloir prouver qu'ils ont tort, ce qui entraîne des tensions et de l'inefficacité.

De plus, un maniaque du contrôle se concentre sur chaque détail, ce qui le vide de son énergie et lui fait complètement oublier la vue d'ensemble.

La "micromanagement" consomme tout votre temps car vous pensez devoir tout gérer. Au lieu de cela, faites confiance aux capacités des autres et établissez de bonnes relations avec eux. Laissez la nature, le temps et leur excellence tracer le chemin. Ensuite, asseyez-vous et profitez de la vue.

Comment un superviseur peut éviter la "micromanagement":

Faites confiance à votre équipe : Construisez la confiance en reconnaissant les capacités de votre équipe et en leur permettant de prendre en charge leurs tâches. La confiance favorise la confiance en soi et donne aux employés le pouvoir de performer au mieux.

Déléguez efficacement : Assignez des tâches en fonction des forces et de l'expertise de chacun. Définissez clairement les rôles et responsabilités, puis reculez et laissez votre équipe gérer l'exécution.

Fixez des attentes claires : Fournissez des instructions claires et concises et fixez des objectifs réalisables. Assurez-vous que votre équipe comprend les résultats attendus et les normes à respecter.

Concentrez-vous sur les résultats, pas sur les processus : Concentrez-vous sur les résultats plutôt que sur les méthodes spécifiques utilisées par votre équipe pour les atteindre. Autorisez la flexibilité dans la manière dont les tâches sont accomplies, tant que les objectifs sont atteints.

Offrez du soutien, pas du contrôle : Offrez des conseils et du soutien lorsque cela est nécessaire, mais évitez de prendre le contrôle des tâches. Soyez disponible pour répondre aux questions et fournissez les ressources nécessaires pour aider votre équipe à réussir.

Encouragez l'autonomie : Donnez à votre équipe la liberté de prendre des décisions et de résoudre des problèmes par elle-même. Cette autonomie stimule le moral et favorise l'innovation.

Communiquez ouvertement : Maintenez des lignes de communication ouvertes. Vérifiez régulièrement avec votre équipe pour discuter des progrès, aborder les préoccupations et offrir des rétroactions constructives sans surveiller chaque détail.
Développez des compétences en leadership : Investissez dans la formation en leadership pour améliorer votre capacité à gérer sans micromanagement. Apprenez des techniques pour inspirer, motiver et soutenir efficacement votre équipe.
Reconnaissez et récompensez les efforts : Reconnaître les efforts de votre équipe renforce la confiance et encourage la haute performance.
Réfléchissez et ajustez : Réfléchissez continuellement à votre style de gestion. Demandez des rétroactions de votre équipe et soyez prêt à ajuster votre approche pour mieux répondre à leurs besoins et améliorer l'efficacité globale
.

En faisant confiance à votre équipe, en fixant des attentes claires et en vous concentrant sur les résultats, vous pouvez créer un environnement de travail productif et positif. Cette approche réduit non seulement le stress, mais permet également à votre équipe de prospérer et de s'épanouir.

Déléguer

La réponse naturelle au "micromanagement" est de devenir un superviseur qui sait déléguer et avancer. Une bonne superviseure peut facilement déléguer des tâches, en donnant à ses employés l'autorité et la responsabilité appropriées.

- Elle connaît ses attentes et anticipe les résultats.
- Elle n'a pas besoin de permission pour demander ce qu'elle veut.
- Elle est claire et encourageante, inspirant son équipe à démontrer leur propre excellence.

Vous devez savoir que n'importe quel employé peut sembler occupé pendant 8 heures sans accomplir une seule tâche productive. N'hésitez pas à les interrompre dans ce qu'ils font et à leur dire ce que vous voulez. Demandez d'abord des volontaires ou demandez à quiconque de "prouver" ses alternatives s'il en propose. Si aucune n'est offerte, dites-leur ce que vous voulez. Pour résumer l'approche de délégation : demandez-le directement, sans hésitation ni excuses – c'est votre travail.

Ne réagissez pas de manière excessive!

Parfois, les gens aiment donner de l'importance à ce qu'ils font en réagissant de manière excessive à des situations mineures. Ils expriment facilement leur "frustration" et à quel point leur journée est "difficile". Ne soyez pas comme ça. De telles réactions à chaque situation multiplient votre niveau de stress et vous étiquettent comme "paniqueur" et peu fiable.

En tant que superviseur, vous rencontrerez quotidiennement de petits tracas. Ne les aggravez pas. Détendez-vous, évaluez le problème, recherchez des solutions ou demandez à votre patron. Ne réagissez pas de manière excessive aux choses qui se reproduiront régulièrement, surtout si elles ne sont pas vitales.

Réagir de manière excessive peut augmenter le stress pour le superviseur et l'équipe, et cela peut conduire à une inconsistance dans la prise de décision et le traitement des employés. Lorsque les superviseurs restent calmes, les employés se sentent plus à l'aise de les approcher avec des problèmes et des préoccupations. Au final, les employés sont plus susceptibles de faire confiance et de respecter un superviseur qui gère les situations avec calme. Réagir de manière excessive peut éroder la confiance et nuire à la relation entre le superviseur et son équipe.

Laissez vos employés montrer leurs forces.

Cette approche est bénéfique à la fois pour la gestion du stress et pour gagner du respect. La plupart des gens ont des domaines dans lesquels ils excellent, alors laissez-les briller. Demandez leur avis sur des questions spécifiques où vous savez qu'ils sont forts. Ne leur coupez pas les ailes en étant un superviseur autoritaire et microgestionnaire. Permettez-leur d'improviser et de penser en dehors des sentiers battus. Ils pourraient avoir une meilleure idée. Si quelqu'un propose quelque chose, dites-lui : prouve-le, fais-le et je te soutiens. Votre personnel se sentira bien dans sa peau et excellera de manière autonome.

En tant que bon patron, vous devez créer un environnement où les employés se sentent à l'aise de prendre des initiatives. Encouragez-les à proposer des idées et à relever de nouveaux défis. Offrez des programmes de formation et de développement qui correspondent aux intérêts et aux forces de vos employés. Soyez attentif aux idées, aux rétroactions et aux préoccupations de vos employés.

En écoutant activement, vous montrez que vous valorisez leur contribution et reconnaissez leur expertise. Et enfin, reconnaissez et célébrez les réussites de vos employés. La reconnaissance peut être un puissant motivateur, encourageant à continuer à exploiter leurs forces. La reconnaissance publique donne également l'exemple au reste de l'équipe.

Vous ne pouvez pas tout changer.

Les entreprises, la nature humaine et les bureaucraties ont existé bien avant vous et persisteront longtemps après vous. Il est essentiel de reconnaître que votre capacité à changer ces vastes structures est limitée. Oui, vous pouvez avoir une vision et une approche unique, mais si cette approche vous épuise mentalement ou professionnellement, il est temps de reconsidérer.

Concentrez-vous sur la résolution de problèmes spécifiques plutôt que de cibler des individus. Visez à résoudre les problèmes progressivement, un petit cas à la fois, au lieu de tenter de réformer tout le système. Rappelez-vous, les changements les plus profonds et les plus efficaces commencent de l'intérieur.

Acceptez les critiques et excusez-vous si vous avez tort!

La vie n'est pas un concours de popularité, à moins que vous ne soyez encore coincé dans un état d'esprit de lycée. Acceptez les critiques avec un esprit ouvert et développez une peau épaisse. Tout le monde ne sera pas délicat dans ses rétroactions, mais ce n'est pas grave. Chaque critique, même infondée ou sévère, offre une leçon.

Écoutez ce que les gens disent, même les blagues contiennent souvent un noyau de vérité. Faites attention aux paroles de vos employés ou de votre patron, lisez entre les lignes et écoutez vraiment. Lorsque vous acceptez les critiques, vous montrez que vous n'avez pas peur et que vous n'êtes pas dérangé par la possibilité d'avoir tort. Si vous avez tort, excusez-vous. Prendre ses responsabilités montre non seulement de la maturité, mais vous gagne également du respect. Rappelez-vous, la responsabilité augmente votre crédibilité et renforce votre caractère.

Idées pour développer une peau épaisse:

Acceptez les critiques avec grâce : Comprenez que les critiques constructives sont un outil de croissance, et non une attaque personnelle. Apprenez à séparer votre valeur personnelle de votre performance professionnelle.

Pratiquez l'auto-compassion : Traitez-vous avec gentillesse et compréhension, surtout face aux revers ou aux critiques. Rappelez-vous que tout le monde commet des erreurs et rencontre des défis.

Concentrez-vous sur les faits, pas sur les sentiments : Lorsque vous recevez des rétroactions ou des critiques, concentrez-vous sur les faits plutôt que sur votre réaction émotionnelle. Analysez les informations de manière objective pour déterminer comment vous pouvez vous améliorer.

Développez la résilience : Renforcez votre résilience en affrontant les défis de front et en les considérant comme des opportunités d'apprentissage et de croissance. Plus vous confrontez des situations difficiles, plus vous devenez résilient.

Cherchez du soutien : Entourez-vous de collègues, amis et mentors qui peuvent vous offrir perspective et encouragement. Avoir un réseau de soutien solide peut vous aider à maintenir confiance et résilience.

Maintenez une perspective : Gardez une perspective plus large sur votre travail et votre vie. Rappelez-vous qu'un seul revers ou une critique ne définit pas toute votre carrière ou votre valeur.

Renforcez votre confiance en vous : Renforcez votre confiance en vous en reconnaissant vos réalisations et vos forces. Rappelez-vous régulièrement de vos compétences et de vos succès pour maintenir une image de soi positive.

Restez concentré sur vos objectifs : Gardez vos objectifs à long terme en tête et ne laissez pas les revers mineurs vous déstabiliser. Rester concentré sur vos objectifs vous aide à maintenir motivation et résilience.

Pratiquez la pleine conscience : Engagez-vous dans des pratiques de pleine conscience comme la méditation ou des exercices de respiration profonde. Ces techniques peuvent vous aider à rester calme et centré face aux critiques ou aux situations difficiles.

Apprenez de l'expérience : Utilisez chaque expérience, positive ou négative, comme une opportunité d'apprentissage. Réfléchissez à ce que vous pouvez apprendre de chaque situation et comment appliquer ces connaissances pour vous améliorer.

Fixez des limites : Sachez quand fixer des limites pour protéger votre bien-être mental et émotionnel.

Il est normal de vous éloigner des influences trop négatives ou toxiques.

Développez l'intelligence émotionnelle : Améliorez votre intelligence émotionnelle en devenant plus conscient de vos émotions et en apprenant à les gérer efficacement. Cela peut vous aider à répondre plus calmement et de manière constructive aux critiques.

Tenez un journal : Écrivez sur vos expériences, vos sentiments et vos réponses aux critiques. Tenir un journal peut vous aider à traiter vos émotions et à obtenir des idées sur la façon de gérer les défis futurs.

Restez en bonne santé physique : Prenez soin de votre santé physique grâce à un exercice régulier, une alimentation équilibrée et un repos adéquat. Le bien-être physique est étroitement lié à la résilience mentale et émotionnelle.

En incorporant ces stratégies dans votre quotidien, vous pouvez développer et maintenir une peau épaisse, vous permettant de naviguer dans les critiques et les défis avec confiance et grâce.

Soyez conscient de vous-même, comprenez votre impact en tant que superviseur.

La plupart des gens ne sont pas conscients de leur impact sur les autres, surtout dans la délicate relation superviseur-employé. Voici ce que vous devez garder à l'esprit :

Soyez l'Alpha : En tant que superviseur, vous occupez naturellement une position dominante. Embrassez ce rôle, mais rappelez-vous que moins, c'est souvent plus.

Communication efficace : Vous n'avez pas besoin de dire beaucoup ou de recourir à un langage abusif. Une simple remarque de votre part peut avoir un impact significatif, alors choisissez vos mots avec soin.

Maintenez l'autorité : Évitez les répétitions excessives et ne vous prenez pas trop à la légère.

Respectez-vous et maintenez un comportement professionnel, en évitant de plaisanter trop souvent.
Respect mutuel : Montrez du respect à vos employés et parlez-leur sur le ton que vous attendez en rétroaction. Cela fixe la norme pour une communication respectueuse et professionnelle sur le lieu de travail.

Comme je l'ai déjà mentionné, un simple aperçu de la présence du superviseur peut pousser un travailleur à la traîne à se remettre au travail. La perception de soi est souvent façonnée par la situation à laquelle nous sommes confrontés. Nous avons tendance à réagir de manière excessive, à sous-estimer, ou même à ruiner notre image positive pour prouver un point insignifiant. Cela en vaut-il vraiment la peine ? Pour devenir vraiment conscient de soi, adoptez une stratégie d'émulation des caractères ou des personnalités exemplaires que vous admirez. Demandez-vous : "Si cette personne était à ma place, comment réagirait-elle à cette situation ?" Ensuite, répondez avec calme et sang-froid, incarnant les qualités que vous respectez.

Rappelez-vous, votre comportement donne le ton à votre équipe. Maintenez votre intégrité et montrez l'exemple pour favoriser un environnement de travail respectueux et productif.

Équilibrer l'empathie et l'autorité en tant que superviseur

L'empathie est une vertu noble et humaine, mais en tant que superviseur et décideur, s'y fier trop lourdement peut être contre-productif. En traitant avec des humains, vous devez reconnaître que vous ne pouvez pas pardonner chaque situation simplement parce qu'elle est difficile ou parce que vous ressentez la douleur de l'autre personne. Le succès est souvent le fruit de la sueur et des larmes, et les réalisations précieuses sont durement gagnées. En tant que patron, vous rencontrerez des subordonnés qui tenteront d'exploiter vos émotions.

Montrer une empathie excessive peut conduire à ce qu'ils profitent de vous, et vous pourriez être perçu comme "faible".

Se mettre à leur place et sympathiser avec chaque excuse "j'ai mal à la tête", justification "je me sens fatigué", ou plaidoyer "je suis parent célibataire" nuira à la productivité. Votre patron attendra toujours des résultats et n'acceptera pas un manque de productivité. Vous êtes payé pour obtenir des résultats, et vos employés aussi. Trouver un équilibre est essentiel. Montrez de l'empathie là où elle est due, mais maintenez des limites fermes pour vous assurer que le travail est fait. Cette approche non seulement soutient la productivité, mais elle vous gagne également le respect de votre équipe pour votre leadership juste et décisif.

Tenez-vous à votre parole et choisissez vos mots avec soin

Se tenir à sa parole et tenir ses promesses définissent qui vous êtes et forment l'essence du respect. Votre relation avec vos employés repose sur une communication civilisée et un respect mutuel. Votre discours est ce qui les motive, les rassure, et peut soit les renforcer, soit les briser.

Vos employés ne sont pas enchaînés à leur poste de travail, et vous ne les forcez pas à avancer. Ils se relient à vous et au travail à travers vos instructions et la manière dont vous les délivrez, ainsi que le salaire qu'ils reçoivent toutes les deux semaines. Ce que vous leur dites a un impact significatif sur le maintien du flux de travail et de votre respect. Voici comment vous assurer que votre communication est efficace :

- Restez axé sur le travail : Concentrez-vous sur les sujets liés au travail.
- Soyez direct et concis : Communiquez vos points de manière claire et succincte.

- Limitez les blagues : Maintenez le professionnalisme en minimisant l'humour.
- Évitez les revirements : Soyez cohérent dans vos déclarations et décisions.
- La clarté est essentielle : Assurez-vous que vos instructions sont faciles à comprendre.
- Tenez vos engagements : Faites ce que vous dites que vous allez faire.
- Évitez les menaces vides : Ne mentionnez des ultimatums que si vous êtes prêt à les faire respecter.

Rappelez-vous, les employés écoutent quand le superviseur parle ; c'est un appel au devoir qui peut être une source de stress ou de soulagement. **Choisissez judicieusement vos mots et votre ton**. Les commentaires d'un superviseur ont un poids et un impact considérables. Gardez vos paroles significatives.

Les mots justes peuvent donner aux employés un sentiment de sécurité, de justice et de respect. Lorsqu'ils savent que chaque promesse et demande sera honorée, ils se sentiront rassurés. Cette fiabilité leur offre la sécurité et l'orientation d'un leader qui assure la continuité de leur carrière et de leur succès. Les employés pourraient se plaindre d'un superviseur exigeant, mais ils le respectent et le préfèrent à un faible. Soyez le berger fiable qui mène avec intégrité et fermeté, et votre équipe vous suivra avec confiance et dévouement.

Soyez "Amical", mais pas "Ami"

Pour gagner le respect de quelqu'un, vous devez d'abord le respecter. Vos employés vous observent et vous écoutent constamment. Ils cherchent votre approbation et votre gratitude, espérant qu'être amical élèvera leur relation avec vous au statut de "ami", ce qui, selon eux, rendra leur vie professionnelle plus facile. Soyez prudent – bien qu'il soit naturel d'être amical, vous devez éviter de devenir ami pour de mauvaises raisons.

Maintenir une distance professionnelle est crucial. Une fois que vous franchissez la ligne de l'amitié, discipliner un "ami" devient difficile. Certains employés peuvent se sentir moins sous pression et "prendre les choses à la légère" s'ils vous voient comme un ami plutôt que comme un superviseur. Pensez à vos amis – combien est-il facile de les coacher, de les gérer ou de leur donner des directives ? Ce n'est probablement pas très facile. Ne compliquez pas votre rôle de superviseur. Restez amical, mais pas ami, pour maintenir le respect, l'autorité et un environnement de travail productif.

Voici comment trouver l'équilibre :

- Professionnalisme d'abord : Gardez toujours un sens aigu du professionnalisme avec votre personnel.
- Attitude amicale : Soyez abordable et aimable sans brouiller les frontières professionnelles.
- Limites claires : Établissez des limites claires pour éviter que la relation ne devienne trop personnelle.
- Autorité constante : Maintenez votre rôle de décideur et de leader, montrant que vous êtes en contrôle.

Ne complotez pas contre votre patron ou l'entreprise

De nombreux nouveaux superviseurs font l'erreur de dénigrer leurs patrons et les décisions de l'entreprise pour gagner la coopération et l'approbation de leur personnel. Ils rejettent la faute sur leurs supérieurs, surtout lorsqu'ils appliquent des mesures strictes, pour éviter la confrontation. Des phrases comme "Je ne suis pas d'accord, mais ils m'ont dit de le dire" ou "Je voulais vous donner le jour de congé, mais mon gestionnaire a dit non" deviennent courantes. Au lieu de se ranger du côté de l'entreprise lors des conflits, ces superviseurs la critiquent en secret et s'alignent avec les employés. Cette approche ne leur fait pas gagner des "points" ni la coopération souhaitée.

En manquant de respect à l'entreprise et à leur patron, qu'ils représentent, ils sapent leur valeur morale et leur intégrité.

L'effet le plus néfaste de ce comportement est qu'il donne aux employés la liberté et l'audace de critiquer tout nouvel ordre de travail, changement ou règle que le superviseur souhaite mettre en place. Les employés peuvent rejeter les nouvelles directives avec des commentaires comme "encore une loi stupide" ou "ils ne savent pas ce qu'ils font, comme d'habitude." Ils peuvent même défier directement le superviseur : "Tu es d'accord que ce n'est pas bon, je ne le fais pas," ou "Amène-moi ton patron ; je veux lui parler."

Rappelez-vous, vous êtes la vitrine de l'entreprise pour vos employés. En sapant l'entreprise, vous diminuez votre propre autorité, devenant une "ombre ambulante." Prenez toujours le parti de l'entreprise ; vous faites partie de l'équipe de direction.

Voici comment maintenir l'intégrité et l'autorité :
S'aligner sur les valeurs de l'entreprise : Soutenez et communiquez les décisions de l'entreprise de manière positive.
Évitez de rejeter la faute : Assumez votre rôle et votre responsabilité dans l'application des politiques.
Restez unis : Présentez un front uni avec vos supérieurs et l'entreprise.
Maintenez le professionnalisme : Respectez l'entreprise et votre patron dans toutes vos communications.

En agissant ainsi, vous renforcez votre autorité et votre intégrité, gagnant le respect et la coopération sincères de vos employés.

Appliquer la discipline avec respect

Dans les entreprises syndiquées et non syndiquées, l'application de la discipline nécessite le respect de règles spécifiques pour garantir l'équité et maintenir le professionnalisme. De plus, vous devez suivre un ensemble de règles écrites ou non écrites pour gagner votre cause en cas d'arbitrage.

Voici comment appliquer la discipline avec respect :

Émettre un avertissement final : Avant de prendre des mesures disciplinaires, donnez à l'employé un dernier avertissement. Expliquez clairement le comportement qui doit changer.

Expliquer les conséquences : Assurez-vous que l'employé comprend les conséquences de la répétition du comportement contesté. Fournissez des exemples clairs et spécifiques de mesures disciplinaires potentielles.

Suivre les protocoles de l'entreprise : Respectez les étapes légitimes décrites dans les politiques de votre entreprise. Assurez-vous que toutes les actions sont conformes aux procédures et aux directives de l'organisation.

Maintenir un ton respectueux : Pendant le processus disciplinaire, restez calme et posé. Utilisez un langage respectueux et évitez tout signe de colère ou de frustration.

Éviter les rancunes : Après l'action disciplinaire, ne gardez pas de rancune contre l'employé. Traitez-le avec le même respect et le même professionnalisme qu'avant l'incident.

Aborder le problème, pas la personne : Concentrez-vous sur le comportement qui doit changer, et non sur des attributs personnels. Insistez sur le fait que la discipline concerne le maintien des normes et non une attaque personnelle.

Poursuivre normalement le lendemain : Après avoir abordé le problème, continuez vos interactions comme si de rien n'était. Montrez que vous remplissiez simplement votre rôle et que la relation professionnelle reste inchangée.

En suivant ces étapes, vous pouvez appliquer la discipline de manière juste, respectueuse et efficace, en vous assurant que vous et l'employé comprenez l'importance de maintenir des normes professionnelles sans nuire à votre relation de travail.

Suivez les demandes de vos employés

En tant que superviseur, vous vous attendez à ce que vos employés répondent à vos demandes, il est donc essentiel de leur rendre la pareille en répondant aux leurs. Ces demandes concernent souvent des questions cruciales telles que le salaire, les vacances ou les rapports médicaux. Bien que ces questions puissent ne pas sembler importantes pour vous, elles sont vitales pour vos employés.

Voici pourquoi et comment suivre leurs demandes :

- Tout d'abord, reconnaissez l'importance de leurs préoccupations.
- Comprenez que les demandes liées au salaire, aux vacances ou à la santé sont essentielles pour le bien-être de vos employés.
- Reconnaissez que ces questions impactent leur subsistance et leur tranquillité d'esprit.

En tant que premier point de contact entre les employés et l'entreprise, il est de votre responsabilité de répondre à leurs besoins. Assurez-vous de communiquer leurs préoccupations de manière efficace et rapide aux départements concernés.

Répondre à leurs demandes en temps opportun aide à réduire leur anxiété et leur stress. Un employé inquiet est peu susceptible d'être au sommet de sa productivité, donc résoudre leurs problèmes bénéficie à tout le monde. Aider les employés lorsqu'ils ont besoin de vous démontre du respect et favorise un environnement de travail de soutien. Ce respect mutuel améliore le moral et renforce la relation superviseur-employé. Pour suivre leurs demandes :

- Écoutez activement et montrez que vous prenez leurs préoccupations au sérieux.

- Agissez rapidement pour répondre à leurs besoins afin d'éviter une anxiété ou une frustration prolongée.
- Tenez-les informés de l'état de leurs demandes, en fournissant des mises à jour si nécessaire.
- Lorsque vous communiquez avec la direction ou les départements concernés, défendez efficacement les besoins de vos employés.
- Gardez une trace des demandes et de vos actions pour garantir la responsabilité et la transparence.

En suivant les demandes de vos employés, vous créez un environnement de travail basé sur la confiance, le respect et le soutien mutuel. Cette approche aide non seulement à maintenir une haute productivité, mais elle favorise également la loyauté et la satisfaction au travail.

Savoir quand et où tracer la ligne

Plus votre équipe est grande, plus il est essentiel d'imposer des limites claires pour maintenir le contrôle. Parfois, vous devez dire "NON" à une demande apparemment simple, non pas parce que vous êtes un superviseur difficile, mais parce que dire "OUI" pourrait entraîner des complications.

Par exemple, si vous accordez une journée de congé pour "demain" au milieu d'une semaine chargée parce qu'un employé se sent fatigué, vous réaliserez rapidement à quelle vitesse la nouvelle se répand parmi les employés. Dès que l'employé revient à son poste, plusieurs autres auront entendu parler de la faveur. Inévitablement, la moitié d'entre eux demanderont le même jour de congé. Si vous acceptez toutes ces demandes par souci d'équité, vous vous retrouverez avec une journée en sous-effectif, créant des problèmes importants et vous laissant expliquer la situation à votre patron. Au lieu de cela, anticipez ces scénarios et prenez des décisions avec prévoyance plutôt qu'avec émotion.

Un autre exemple est lors des réunions, où vous rencontrez souvent les mêmes employés demandant la parole. Ils veulent généralement protester, montrer leur mécontentement ou se plaindre de problèmes que vous avez déjà entendus de nombreuses fois. Ces interruptions répétitives font perdre un temps précieux à vous et à l'entreprise. Ici, vous devez "tracer la ligne" et affirmer que ça suffit. Parfois, les problèmes sont soulevés délibérément pour perdre du temps ou lancer une protestation, ce qui finit par bloquer la productivité. Bien que vous deviez écouter et leur permettre d'exprimer leurs préoccupations, évitez de vous engager dans des débats inutiles qui ont déjà été abordés plusieurs fois.

En sachant quand et où tracer la ligne, vous maintenez le contrôle, assurez l'équité et gardez le focus sur la productivité et l'efficacité.

Ne passez pas par-dessus la tête de votre patron, sauf si!

Outrepasser la chaîne de commandement pour contacter le "grand" patron à propos d'un problème normalement résolu par votre superviseur direct est une mauvaise idée. Votre patron occupe son poste pour une raison, et le contourner causera probablement une irritation significative. Sauf si votre patron vous recommande spécifiquement d'escalader la question ou si vous avez une plainte sérieuse de harcèlement, évitez de faire une telle démarche. En agissant ainsi, vous sapez l'autorité de votre patron et montrez un manque de respect évident. Respectez toujours la hiérarchie établie et faites confiance à la capacité de votre patron à gérer les problèmes de manière appropriée.

Naviguer dans la hiérarchie organisationnelle peut être difficile, surtout lorsqu'il s'agit de décider s'il faut contourner votre superviseur direct pour aborder une autorité supérieure.

Voici quelques considérations clés pour vous guider dans votre décision :

Nature du problème : Le problème est-il assez urgent ou critique pour justifier une escalade ? Les problèmes mineurs sont généralement mieux résolus au niveau du superviseur immédiat.
Tentatives précédentes : Avez-vous déjà essayé de résoudre le problème avec votre superviseur direct ? Assurez-vous de leur avoir donné une chance équitable de répondre ou de prendre des mesures.
Culture organisationnelle : Comprenez la culture et les politiques de votre organisation. Certaines entreprises ont peut-être des procédures formelles pour l'escalade.
Répercussions potentielles : Considérez les possibles répercussions de passer outre votre superviseur. Cela pourrait tendre vos relations de travail et affecter les interactions futures.

Enfin, gardez une trace de vos interactions et des étapes que vous avez suivies pour résoudre le problème avec votre patron direct. Si vous décidez d'escalader, faites-le de manière professionnelle et respectueuse, en vous concentrant sur le problème plutôt que sur les griefs personnels. En réfléchissant attentivement à ces points, vous pourrez prendre une décision plus éclairée quant à savoir s'il faut ou non passer outre votre patron.

Compliments et récompenses

Lorsqu'on dirige une équipe, déléguer des tâches, donner des directives et parfois discipliner les employés en appliquant les règles de l'entreprise font tous partie du travail. Tout aussi important, et souvent négligé, est l'acte de donner des compliments et des récompenses. Cette approche non seulement accomplit le travail, mais encourage et motive également les employés de manière efficace.

Informez-vous si votre entreprise adopte de telles pratiques et appliquez-les lorsque cela est approprié. Les récompenses n'ont pas besoin d'être coûteuses ou significatives ; souvent, le geste en lui-même est ce qui compte le plus. Il existe une réponse naturelle, positive et psychologiquement prouvée à chaque geste positif.

Les récompenses ne doivent pas toujours être matérielles. Un mot d'encouragement, tel que "Merci à tous, heureux de travailler ensemble" ou "Vous avez bien travaillé aujourd'hui ; le café est pour moi", peut avoir un impact durable. Même si les employés refusent l'offre, ils se souviendront de votre reconnaissance, et la prochaine fois que vous demanderez quelque chose, ils seront plus enclins à se conformer volontairement. De même, pour vos collègues superviseurs ou toute autre personne avec qui vous interagissez, un simple "Merci" ou une brève expression de gratitude après un e-mail, comme "à quel point cela a été utile", peut faire toute la différence. Il est peu probable que vous rencontriez quelqu'un qui s'oppose à de tels gestes. En résumé, intégrer des compliments et des récompenses dans votre approche de leadership favorise un environnement de travail positif et améliore la motivation et la productivité de l'équipe.

La plupart de vos employés ont un pas d'avance sur vous

Soyez attentif à ce que vous dites et faites en tant que superviseur, car vous gérez 25 employés, mais chacun d'entre eux ne gère que vous. Ils observent attentivement chacun de vos gestes. Ils connaissent votre emploi du temps – quand vous arrivez et partez, quand vous êtes à votre bureau, quand vous partez en réunion, et quand vous revenez de vos pauses. Ils ajustent leur comportement en conséquence. Vous ne pouvez pas les surveiller tous constamment, et vous ne pouvez pas être partout à la fois.

La plupart des employés prennent note de :

- Quand vous êtes de bonne ou de mauvaise humeur.
- Votre localisation à tout moment de la journée.
- Quand vous êtes fatigué.
- Quand vous êtes en désaccord avec votre patron ou un autre superviseur.
- Quand vous êtes extrêmement occupé.
- Quand vous êtes malade mais que vous travaillez quand même.
- Ce que les autres superviseurs disent de vous.

Les employés peuvent utiliser ces observations à leur avantage. Ils peuvent amplifier les désaccords entre superviseurs ou exploiter votre emploi du temps chargé en demandant des choses qu'ils savent que vous accepterez rapidement. Souvent, ils évaluent votre humeur avant de vous approcher avec des demandes.

Il est crucial de préserver vos sentiments et votre vie privée en dehors de votre travail, et encore plus important, de garder pour vous vos opinions sur les autres et vos vues politiques. Plus vous partagez sur vous-même, plus vous fournissez de munitions potentielles contre vous.

J'ai connu de nombreux superviseurs qui commentent librement sur n'importe quel sujet, donnent leurs opinions ou divulguent des secrets de l'entreprise simplement pour prouver un point. Les nouveaux superviseurs font souvent cela pour se faire des amis et briser la glace. Cependant, il est préférable de maintenir une relation semi-formelle avec vos employés plutôt que de briser trop la glace.

Rappelez-vous, vous n'êtes pas au même niveau que vos employés. Ce que vous dites en plaisantant peut être pris très au sérieux par eux et conservé pour le bon moment.

Comme leur travail est leur moyen de subsistance, tout ce qu'ils peuvent utiliser peut-être employé à l'avenir s'ils estiment que leur emploi est en danger. Pour ces raisons, et bien d'autres encore, laissez votre sang-froid guider votre comportement et gardez les choses strictement professionnelles.

Lorsque vous êtes confronté à des demandes et des commentaires, répondez avec calme et professionnalisme. Vous n'êtes pas obligé de répondre à chaque question sur le champ. Dites plutôt : "Je suis occupé pour le moment, je reviendrai vers vous." Prenez le temps d'examiner et de rechercher avant de répondre. Ne jouez pas à leurs jeux, ne laissez pas la porte ouverte aux commérages, et ne réagissez pas à la pression. Répondez toujours par : "Je reviendrai vers vous."

En maintenant ces limites, vous protégez votre intégrité professionnelle et favorisez un environnement de travail respectueux et efficace.

Arrêtez de faire 3-4 choses à la fois

Lorsque nous traitons plusieurs problèmes simultanément, notre esprit n'est jamais entièrement concentré sur une seule situation. Le multitâche conduit souvent à une écoute partielle et à une attention fragmentée, diminuant ainsi votre efficacité. Ne soyez pas fier de faire du multitâche ; avec le temps, cela érodera votre capacité à donner le meilleur de vous-même.

S'il y a un conseil à retenir de ce livre et à appliquer immédiatement : ayez toujours un stylo et du papier à portée de main et commencez chaque matin avec une liste de choses à faire. Le flot de tâches quotidiennes et de demandes aléatoires vous bombardera continuellement, et la seule solution fiable est de tout noter pour suivre le fil. <u>De nombreux superviseurs commencent une tâche pour l'abandonner à mi-chemin lorsqu'une autre demande les interrompt.</u>

Cette habitude mène à une journée remplie de tâches inachevées et de dossiers non clôturés. Bien que cela puisse sembler productif, c'est un piège à éviter. Au lieu de cela, commencez votre journée en listant vos tâches et continuez à mettre à jour cette liste à mesure que de nouvelles demandes arrivent. Ne vous arrêtez pas à mi-chemin de ce que vous faites ; notez la nouvelle demande et revenez-y plus tard.

De plus, évitez de donner des réponses définitives sur le moment. Utilisez la réponse : "Je reviendrai vers vous." Cette approche vous permet de revoir les dossiers et d'étudier la question en profondeur avant de prendre une décision. Elle vous garantit également de pouvoir terminer votre tâche en cours avant de passer à la suivante.

En vous concentrant sur une tâche à la fois et en gérant systématiquement les nouvelles demandes, vous gardez le contrôle de votre charge de travail et vous assurez que chaque tâche reçoit l'attention qu'elle mérite.

Conclusion

La supervision est un domaine enrichissant qui forge le caractère, renforce la résilience mentale et améliore les compétences interpersonnelles. Elle vous rend plus organisé, plus aiguisé et meilleur pour comprendre comment les gens pensent et agissent. En supervisant les autres, vous devenez un meilleur orateur, un leader instantané et un négociateur confiant.

Un bon superviseur peut devenir une figure paternelle pour des personnes deux fois plus âgées que lui et un excellent exemple pour ceux qui cherchent des conseils et une orientation. De nombreux employés font confiance à leurs superviseurs pour des secrets familiaux et des problèmes personnels et répondent volontiers à leurs suggestions. Cette confiance souligne l'influence significative et la responsabilité d'un rôle de supervision.

Le travail vous apprend également quand et comment dire "NON" sans culpabilité, ce qui vous profite même en dehors du lieu de travail. Vous développerez un caractère fort, moins de réactions émotionnelles et une meilleure organisation, vous préparant à prendre position sur des questions difficiles de la vie.

La supervision vous inculque également la réalité que vous ne pouvez pas plaire à tout le monde et que ce n'est pas grave si quelqu'un ne vous aime pas. Lorsque vous accomplissez vos tâches comme vous le devez, vous serez satisfait du résultat sur plusieurs fronts et confiant dans votre capacité à gérer des scénarios encore plus difficiles.

Une forte croyance en vos capacités projettera naturellement une image de confiance. Vos subordonnés commenceront à vous voir comme fort, capable et en charge, vous gagnant le respect que vous désirez de leur part.

En essence, la supervision vous façonne en un leader plus efficace, respecté et capable, prêt à relever les complexités de la vie professionnelle et personnelle avec confiance et assurance.

TRS

Si vous aimez ce que vous lisez jusqu'à présent, j'ai un autre livre :
DE SUPERVISUER À GESTIONNAIRE

TRANSITION FLUIDE DE SUPERVISEUR À GESTIONNAIRE AVEC CONFIANCE
UN GUIDE COMPLET POUR DÉVELOPPER DES COMPÉTENCES ESSENTIELLES EN LEADERSHIP

Ce guide perspicace explore les étapes et les stratégies essentielles pour élever vos compétences en leadership et progresser dans les échelons. Embrassez le chemin de la croissance et de la transformation, et découvrez comment diriger avec confiance, intégrité et efficacité à chaque étape de votre carrière.

www.ingramcontent.com/pod-product-compliance
Lightning Source LLC
Chambersburg PA
CBHW020443220526
45464CB00002B/838